Rolf Tophoven (Hrsg.) · Politik durch Gewalt

Rolf Tophoven (Hrsg.) -25

Guerilla und Terrorismus heute

Politik durch Gewalt

Bonn 1976

Beiträge zur Wehrforschung
Band XXV
Herausgegeben von Rolf Tophoven
im Auftrag des Arbeitskreises für Wehrforschung

Gestaltung: W. Wilczek, M. Elsner-Marasson.
Gesamtherstellung: Görres-Druckerei GmbH, Koblenz.
ISBN 3-8033-0242-0.

Inhalt

Vorwort

Die Welt spricht vom Zeitalter der Guerillas und Terroristen! Ein altes Phänomen in neuem Gewande speist fast täglich die Schlagzeilen der Massenmedien und signalisiert der Weltöffentlichkeit, daß sie mit der „Bedrohung aus dem Dunkel" leben muß und mit einer Internationale des Terrors konfrontiert ist. Aufsehenerregende Erfolge eines Guerillakrieges — in jüngster Zeit vor allem die Guerilla-kriegführung des Vietcong in Südvietnam gegen die Groß-macht USA — haben vielfach zu einer neoromantischen Ver-herrlichung dieser Kriegsform beigetragen und häufig zu „einer Pseudoideologie des Partisanenkampfes geführt" (Roucek). Dabei wird der revolutionäre Krieg oft als „All-heilmittel" verstanden, um aus Abhängigkeit, Not und Elend aufzubrechen und mit Waffengewalt jene Fesseln abzustreifen, von denen sich der Schwache eingeengt sieht. Für viele Menschen, besonders in der Dritten Welt, bedeutet „Guerilla" Zauberwort und Hoffnung zugleich.

Die Etablierung des modernen Kleinkriegs in den Jahr-zehnten seit dem II. Weltkrieg wurde genährt durch die seit 1945 sich über fast ein Viertel-Jahrhundert hin-ziehende Kette erfolgreich verlaufener Guerilla- und Revolutionskriege. Als herausragende Beispiele seien hier genannt: der Sieg Mao Tse-tungs in China, die Nieder-lagen der Franzosen in Indochina und Algerien, die Macht-ergreifung Castros in Kuba, das Schicksal der amerikani-schen GIs im Dschungel Südvietnams und schließlich der mehr erzwungene als freiwillig vollzogene Rückzug der portugiesischen Kolonialherren vor den Guerillas in den afrikanischen Besitzungen.

Obwohl bei den genannten Vorgängen jeweils politische und militärische Prozesse unterschiedlicher und somit nicht vergleichbarer Art in Gang gesetzt wurden und über Sieg oder Niederlage der Aufständischen entschieden, halten Verlauf und Ergebnisse der erwähnten Guerilla-kriege manche Beobachter und Befürworter dieser Kriegs-form nicht davon ab, diesen Kriegstyp zu überschätzen und in ihm ein Patentrezept zu sehen, bei dessen Anwen-dung ein Mißerfolg eo ipso ausgeschlossen sei. Dabei ist jedoch zu berücksichtigen, daß auch die Anti-Guerilla-

kriegführung in den letzten Jahren eine bemerkenswerte
Weiterentwicklung durchgemacht hat, die unter bestimmten Voraussetzungen sehr erfolgreich sein kann.

Das führte auf der Gegenseite dazu, der Gewalt aus dem
Untergrund neue Formen anzupassen. So scheint die Zeit
„klassisch" geführter Guerillakriege im Stile einer Landguerilla der Vergangenheit anzugehören. Diese Entwick-
lung hängt ursächlich auch damit zusammen, daß die
Epoche kolonialer Imperien sich endgültig ihrem Ende
zuneigt und politische „Freiräume" zur Errichtung fremder
Herrschaft — wie die Ereignisse zuletzt in Portugiesisch-
Afrika bewiesen haben — kaum noch vorhanden sind. Für
die Strategie einer Guerilla hat das einen Umdenkungs-
prozeß zur Folge, an dessen Ende die Abkehr vom
Phänotyp der Landguerilla und eine Hinwendung zum
Konzept der Stadt- und Kaderguerilla stehen. Kriminelle
Gewalt und Terror erhalten somit neue Dimensionen, und
die Verlagerung der Kampfformen auf die Ebene einer
reinen „Terror-Guerilla" nimmt immer stärkere Ausmaße
an. Die von den Terroristen angewandten Mittel der Auseinandersetzung sprengen bereits heute die Vorstellungs-
kraft der Betroffenen und Herausgeforderten. Es gehört
nicht mehr ins Reich der Utopie, wenn die Vorstellung
durchgespielt wird, Terroristen könnten eines Tages
bakteriologische und atomare Waffen zu politischer
Erpressung einsetzen und Kernkraftwerke seien lang-
fristig die bevorzugte Zielscheibe terroristischer Aktivitäten. Solche Möglichkeiten sind für die Herrschaftssysteme
einer freien Welt mit ihren pluralistischen Gesellschaftsstrukturen eine ungeheure Herausforderung. Ihre Abwehr
zwingt zur Entwicklung fein abgestufter Sicherheitsmechanismen, um der Realisierung dieser Bedrohung vor-
zubeugen und dem Phänomen eines grenzenlosen Terrors
den Nährboden zu entziehen.

Vor dem komplexen Hintergrund der Strömungen innerhalb der Guerilla- und Terrorismus-Entwicklung der
Gegenwart plante der „Arbeitskreis für Wehrforschung"
in Verbindung mit der „Deutschen Gesellschaft für Wehrtechnik" die 39. gemeinsame Arbeitstagung 1975, die am
5./6. November in Bonn-Bad Godesberg stattfand. Die
Veranstaltung stand unter dem Thema „Guerilla und
Terrorismus in unserer Zeit". Der im Auftrag des „Arbeitskreises" herausgegebene Sammelband enthält die teilweise überarbeiteten und mit einem kritischen Apparat
versehenen Vorträge, wie sie auf der Jahrestagung des
„Arbeitskreises für Wehrforschung" gehalten wurden.
Einzige Ausnahme bildet der Aufsatz von Hans-Joachim
Müller-Borchert, der aufgrund seiner Aktualität und der
Bedeutung seiner Aussagen im Hinblick auf die Guerilla-

und Anarchoszene in der Bundesrepublik zur Abrundung des hier behandelten Themenkreises aufgenommen wurde.

Die in diesem „Reader" veröffentlichten Aufsätze unternehmen den Versuch, einige der wichtigsten Erscheinungsformen der modernen Guerilla und des Terrorismus darzustellen und die historischen, politischen, militärischen und sozialpsychologischen Elemente und Antriebskräfte subversiver Kriegführung in ihren jeweils verschiedenen Operationsfeldern und unterschiedlichen Strukturen zu durchdringen. Dabei geht es auch um die Skizzierung der Taktiken der Konterguerilla. Die Herausarbeitung der Wechselbeziehung von Theorie und Praxis, das Verhältnis der Komponenten „Angriff" und „Abwehr" zueinander sowie die Frage nach Möglichkeiten und Grenzen von Guerillas und Terroristen ist daher ein wesentliches Leitprinzip der hier vorgestellten Beiträge. Der Sammelband versteht sich als ein Angebot, Ergebnisse der Forschung, aber auch Erkenntnisse und Lehren aus der unmittelbaren Praxis einer breiten Öffentlichkeit nahezubringen. Dadurch soll ein Beitrag geleistet werden, die Diskussion über eines der brennendsten Probleme unserer Zeit wachzuhalten und zu einem besseren Verständnis der vielfältigen Spielarten des internationalen Guerilla- und Terrorismusphänomens zu gelangen. Dies ist umso notwendiger, als die Revolutionierung des modernen Kriegsbildes durch kleine und kleinste Gruppen anarchistischer Gewalttäter mit immer subtileren Taktiken und Methoden, unter Ausnutzung optimaler waffentechnischer Erkenntnisse und begünstigt durch die Anfälligkeit der modernen Industriegesellschaften eine schwer kalkulierbare Bedrohung der Inneren Sicherheit darstellt.

Bonn, im Januar 1976

Der Herausgeber

Guerilla
und Terrorismus —
die Revolutionierung
des Kriegsbildes

Werner Hahlweg, geb. 1912, Professor für
Militärgeschichte und Wehrwissenschaften
an der Westf. Wilhelms-Universität zu
Münster, gilt als einer der führenden
Clausewitz-Forscher der Welt; Herausgeber
der „Schriften - Aufsätze - Studien - Briefe"
des preußischen Kriegsphilosophen sowie
seines Standardwerkes „Vom Kriege"; zum
Thema Guerilla und Terrorismus
veröffentlichte er u. a. folgende Werke:
„Typologie des modernen Kleinkrieges"
(1967), „Lehrmeister des Kleinen Krieges,
von Clausewitz bis Mao Tse-tung und
Che Guevara" (1968), „Guerilla - Krieg ohne
Fronten" (1968); außerdem Verfasser
zahlreicher Publikationen in in- und
ausländischen Militärzeitschriften.

Werner Hahlweg

Theoretische Grundlagen der modernen Guerilla und des Terrorismus

Im Jahre 1973 veröffentlichte der bekannte britische Dozent für Internationale Politik, Politische Gewaltanwendung und Revolution an der Universität Exeter, Richard Clutterbuck, ein aus Quellenstudium und praktischen Einblicken in die Materie erwachsenes Werk: „Protest and the urban guerrilla". In ihm untersucht einer der führenden angelsächsischen Kenner des modernen Guerillaproblems die politisch-sozialen Hintergründe für das weltweite Auftreten der Guerillabewegungen unserer Tage, ihre Verbindung allgemein mit Terror, Revolution und revolutionärer Ideologie. In diesem Zusammenhang, so betont er, seien besonders die industriellen Gesellschaften zunehmend verwundbar: Die Stadtguerillafrage biete sich hier als eine Möglichkeit ernster Bedrohung dar. Um dieser Bedrohung entgegenzuwirken, ist für Clutterbuck die internationale Zusammenarbeit der Regierungen ein Gebot: Das wirksamste Mittel jedoch, die Guerilla unter Kontrolle zu bringen, liege in der Einstellung der Völker selbst. Das Problem sei hierbei: Guerillagruppen unschädlich zu machen, ohne die Freiheit von Millionen unschuldiger Leute anzutasten; Gewalt zu verhindern, ohne in der Öffentlichkeit versteiften Widerstand zu finden. Aufklärung sei notwendig. Die Bevölkerung müsse wissen, um was es sich bei der Guerilla-Drohung handle [1]).

Das Guerillaproblem stellt sich in der modernen Welt in einer Vielfalt von Erscheinungsformen und praktisch in fast allen Ländern des Erdballs. Man unterscheidet Stadt- und Landguerilla, Kaderguerilla in Großstädten und Guerilla der Flugzeugentführungen; kennt aber auch Terror-Guerillaaktionen, die wohl in einem Land ihre Wurzel haben, jedoch zugleich über die Grenzen dieses Landes hinausgreifen, um System- oder politische Gegner in bisher ungeahnten Bereichen zu treffen. Es sei hier etwa an München, an Stockholm oder die Unternehmungen der Japanischen Roten Armee erinnert. Man könnte hinzusetzen: es gibt Guerillabewegungen, welche die nationale Befreiung ihrer Völker erstreben, aber auch im Sinne von sozialen Umstrukturierungen wirken. Darüber hinaus treten rein terroristische und anarchistische Guerillagruppen ohne aufbauende Konzeption namentlich im Bereich der modernen industriellen Massengesellschaft auf mit dem Ziel, lediglich das Bestehende zu zerstören. Terror wird hier undifferenziert ausgeübt: Er erscheint nicht als ein Mittel, dessen sich Guerillabewegungen mit sogenanntem aufbauendem Prinzip zeitweilig als Instrument ihrer Politik mit besonderer Sprengkraft bedienen.

Im übrigen ist Guerilla nicht gleich Guerilla. Im Lichte der historischen wie der gegenwärtigen Wirklichkeit wird man differenzieren müssen: Der spanische Volkskrieg der Jahre 1808 bis 1814, den man allgemein als ein klassisches Beispiel für eine echte, nationale Guerillabewegung wertet, dürfte kaum identisch sein etwa mit Westberliner terroristischer oder anarchistischer Stadtguerilla. Die Fixierung des Begriffes, was Guerilla eigentlich ist (im Zusammenhang mit anderen Bezeichnungen wie „Partisanenkrieg", „Kleinkrieg", „Verdeckter Kampf", petite guerre, small wars), stellt in mancher Hinsicht noch ein Problem der militärhistorischen wie der modernen sozialwissenschaftlichen Forschung dar. Hier dürfte eine Vielfalt von konkreten Einzeluntersuchungen weitere Aufschlüsse vermitteln.

Moderne Guerillabewegungen bezeichnen ein freilich komplexes Problem, das primär in den Bereichen Politik, Gesellschaft, Ökonomie, Verhaltensforschung und Psychologie zu sehen wäre. Dies ist zugleich ein notwendiger Arbeitsbereich der neuzeitlichen Friedens- und Konfliktforschung. Nicht zuletzt wäre in diesem Zusammenhang auf den bekannten französischen Konfliktforscher Gaston Bouthoul in Paris hinzuweisen [2]).

Das Ganze muß zudem grundsätzlich im Zusammenhang mit den Problemen der Gewalt und des Terrorismus begriffen werden. Bedeutet Guerilla zunächst - äußerlich, materiell gesehen - Gewaltanwendung, so erweist eine nähere Betrachtung, daß in der Praxis die Gewaltanwendung mit dem Prinzip und der Ausübung des Terrors verbunden ist. Treffend umreißt hier der amerikanische Psychiater Friedrich Hacker die Situation: „Die moderne Welt, verwirrender, vielfältiger und störempfindlicher als jemals zuvor", drücke die „Widersprüchlichkeit ihrer Beschaffenheit und die Ambivalenz ihres Selbstgefühls in unversöhnlich antagonistisch scheinenden Konflikten, in komplex paradoxen Fragestellungen und - in der Sehnsucht nach einfachen Antworten aus. Mächtiger und befähigter als je zuvor", sagt Hacker, „ihre eigene Geschichte, ihre ökologische Nische und ihr Schicksal selbst zu bestimmen", fühlten „sich die heutigen Menschen ohnmächtiger, bedrohter, mehr ausgeliefert denn je". Sie seien daher „mehr als bisher anfällig geworden für radikal vereinfachte, aggressive Mythologie und für die Verlockungen sicher in Aussicht gestellter Sofortbefriedigung ... Menschen", das ist Hackers These, „handeln fürchterlich, weil sie sich fürchten und um Furcht zu vermeiden und weil sie lieber gefürchtet werden wollen, als selbst fürchten zu müssen. Träfe dies nicht zu, hätten Terror und Terrorismus keine Chance". Gerade die zivilisierte Welt sei gegenüber dem Terrorismus ohnmächtig. Um hier Alternativen zur radikalen Selbstzerstörung und zum Untergang zu entwickeln und die Lösung zu finden - dazu bedürfe es eines radikalen Umlernens der Menschen; entscheidende äußere Veränderungen und bedeutsame innere Umstellungen. „Alle Optionen jenseits der sterilen Wahl Tyrannei oder Anarchie bedürfen der phantasievollen Erfindung und Planung, des mutigen Experimentierens und des beharrlichen Engagements" [3]).

Darüber hinaus hat neuerdings der englische Soziologe Paul Wilkinson dem Problem des politischen Terrorismus auf grundsätzlicher Ebene Aufmerksamkeit zugewandt. Er versucht, eine elementare Typologie des modernen Terrorismus zu geben, wobei in der Hauptsache revolutionärer, subrevolutionärer und sogenannter repressiver Terrorismus unterschieden werden [4]). Revolutionärer Terrorismus bedeutet: viele politische Bewegungen oder Parteien haben zur systematischen Taktik des Terrors gegriffen, um eine politische Revolution herbeizuführen. Subrevolutionärer Terrorismus rührt von politischen Motiven her, um möglicherweise Regierungen zu zwingen, eine bestimmte, leidenschaftlich gewünschte Politik zu befolgen. Repressiver Terrorismus: wendet systematische Terrorakte an, um bestimmte Gruppen oder Einzelpersonen, die dem Unterdrückenden zuwider sind, niederzuhalten. Diese Unterdrückenden können der Staat, seine Herrscher oder auch eine bestimmte Gruppierung oder Parteiung sein. Indem Wilkinson auf diese Problematik im Sinne einer Theorie des Terrors weiter eingeht, behandelt er am ausführlichsten die Fragen des revolutionären und subrevolutionären Terrorismus. In diesem Zusammenhang kommt er auch auf strukturelle Voraussetzungen für Verhaltensweisen und Aktionen der modernen Guerillabewegungen zu sprechen.

Hierbei unterscheidet er: 1. unmittelbare Mörder; 2. Terror gegen eine angestammte Autokratie; 3. Terror als Mittel zur Befreiung von fremder Herrschaft; 4. Terror als Form des Widerstandes gegen Totalitarismus; 5. Terror gegen liberale Demokratien; 6. Internationalen und subrevo-

lutionären Terrorismus. Es entsteht in der Theorie gleichsam
ein ganzes Spektrum der vielfältigsten Möglichkeiten und
Erscheinungsformen des modernen Terrorismus, wobei in
den Themenkreisen „Terrorismus als Mittel zur Befreiung
von fremder Herrschaft" und „Terrorismus gegen liberale
Demokratien" grundsätzliche Seiten des Guerillaproblems
berührt und in konkreten Beispielen beleuchtet werden (z. B.
Guerillakrieg Mao Tse-tungs in China; Guerillabewegung
der Mau-Mau in Kenia; Guerillabewegung gegen die britische Herrschaft in Cypern, Irland, Palästina, Malaya und
Aden; Guerillabewegungen mit Terror gegen die Franzosen
in Indochina, gegen die Holländer in Indonesien, gegen die
Portugiesen in Angola und Moçambique oder gegen die
Franzosen in Algerien).
Terrorismus, das ist für Wilkinson - zunächst vom Sprach-
lichen her - etwas, das Furcht oder Schrecken erregen soll:
Dabei gibt es nach Wilkinson eine fast unendliche Vielfalt von
Ereignissen, Phänomenen, Personen und Objekten, die
unter bestimmten Bedingungen beim Menschen als Terror
wirken können - vom Materiellen bis zum Psychischen, ja
fast Magisch-Religiösen. Es sei auch charakteristisch für
Terroraktionen, daß sie in der von ihnen betroffenen Gesellschaft gänzlich unvorhersehbar sind und willkürlich erscheinen würden. Zudem unterscheide sich politischer Terror - und dies muß man bei Guerillaaktionen nicht zuletzt in
Betracht ziehen - von allen anderen Formen der Gewalt (Agi-
tation, Einschüchterung, Zwangsgewalt) durch seine ebenso
extremen wie rastlos zerstörerischen Methoden. Diese aber
reichten vom Völkermord, vom Massaker und politischen
Mord, von der Folter auf der einen Seite der Gewaltanwendung bis zum körperlichen Schlagen, zur Quälerei und bis zu
Verleumdungsfeldzügen auf der anderen Seite. Für jeden
großangelegten Feldzug unterdrückenden oder revolutionären Terrors halten es die Terroristen für notwendig, sich
gegen jeglichen möglichen Widerstand zu wappnen. Waren
in primitiven Stammesfehden afrikanischer Völker Speere
und Macheten, im Mittelalter Dolche im Gebrauch, so greift
der moderne Terrorist zu Maschinenpistole, Sprengstoff,
Spritze und Drogen, demnächst wohl auch zu Taschenatom-
bomben oder Sturmgewehren mit unterdimensionalem Kali-
ber.
Insgesamt ist es ein düsteres Bild, das Wilkinson über Möglichkeiten und Erscheinungsformen des modernen Terrors
entwirft. Seine Ausführungen stimmen nachdenklich, sieht
man das Terrorproblem in Verbindung mit der „Exekutive"
der verschiedenen Guerillabewegungen, deren Impulse und
Aktionsintensität wiederum als Antriebskräfte für die Praktizierung des Terrors aus der Tiefe der psychologischen, so-

zialen, politischen und ökonomischen Spannungen einer Gesellschaft erwachsen. Je stärker aber die Impulskräfte für eine Guerillabewegung sind, desto härter und unmenschlicher wird der Terror. Mit anderen Worten, Guerillabewegung und Terror sind in der Praxis nicht voneinander zu trennen; sie bilden eine dialektische Einheit, d. h. sie stehen in Wechselbeziehung zueinander. Der Terror ergibt sich einmal aus grundsätzlichen Erkenntnissen der Theorie, zum andern erwächst er aus der wechselseitigen Steigerung des Kampfes einer Guerillabewegung mit einem Gegner bis zum äußersten. Und, der Terror wird praktiziert - gleichgültig, wie umstritten letzthin seine Wirkung im Hinblick auf die Erreichung des Endzieles ist. Die Praxis erweist, daß Terror letzthin kein Mittel ist, um politische Ziele zu erreichen. Schon Clausewitz hat dies in seiner Bekenntnisdenkschrift vom Frühjahr 1812 betont. Trotzdem dürfte der Terror nach wie vor auftreten. Dies ist eine Erfahrungstatsache gerade beim Wirken von Guerillabewegungen, in deren Reihen selbst er zur Eindämmung etwaigen Verrates angewandt wird [5]).

Wilkinson betont schließlich, im Angesicht von Gewehren und Bomben sei es für eine legal vom Volk gewählte liberale demokratische Regierung närrisch, nicht sogleich mit aller Energie den Terroristen, die der gesetzestreuen Bevölkerung den Krieg angesagt haben, entgegenzutreten. Vor allem darf sich eine Regierung nicht von Terroristen einschüchtern lassen und niemals gegenüber terroristischen Erpressungen oder Nötigungen nachgeben. Terroristen würden Flugzeugentführungen oder andere Gewalttaten nur aufgeben, wenn die Regierungen unerschütterlich seien. Wilkinson folgert: Durchsuchungen, Einsatz von bewaffneten Wachkräften, Gegenangriff oder auch Anwendung der List - das seien fühlbare alternative Antworten auf die Drohungen von Terroristen oder Entführern. Die Regierungen müssen sich das Ziel setzen, den Terrorismus dezidiert zu bekämpfen, um das Spiel zu gewinnen. Um dieses Ziel zu erreichen, würden die Regierungen Europas die notwendige Stärke durch vereinte Kräfte finden [6]).

Terror ist auch das Problem für die Guerillabewegung der Palästinenser im Nah-Ost-Konflikt. In der Schrift Murys „Schwarzer September", heißt es in dem Kapitel „Terrorismus und Politik": die Palästinenser, d. h. die Guerillabewegung „Schwarzer September", beschränke ihre Aktionen „auf eine besondere Lage . . . Damit ein unterdrücktes Volk die Initiative wiedergewinnt, muß die Angst das Lager wechseln". Die Zionisten, Feinde des palästinensischen Volkes, müßten mit Terror bekämpft werden [7]). Weiterhin hat der amerikanische General und Truppenpraktiker S. L. A. Marshall, den arabischen Terrorismus allgemein als eine Bedrohung für die freie Welt gewertet. Dieser finde seine entscheidenden Antriebskräfte im Islam und sei sehr wohl fähig, einen dritten Weltkrieg mit Bedacht auszulösen [8]).

Zusammenfassend ließe sich zu dem bisher behandelten Komplex sagen:

1. Der Terrorismus, den es zu allen Zeiten gegeben hat, nimmt heute mehr denn je weltweite Ausmaße an. Er muß in seinen Strukturen, den dahinter stehenden Impulsen wie in seinen verschiedenartigen Möglichkeiten und Erscheinungsformen sorgsam, mit kritischem Sachverstand studiert werden: Die einschlägige Forschung steht hier erst in den Anfängen, indes wird das Problem gesehen.

2. Der Terrorismus ist seinem Wesen nach mit den verschiedensten Formen der modernen Guerillabewegungen verknüpft. Er wird in dem Maße wirksam, wie diese sich seiner als Mittel ihrer Politik bedienen. Der Terrorismus erhält gewissermaßen neue Dimensionen. Hier stellt sich die Aufgabe, die engen, wechselseitigen Verknüpfungen von Terrorismus und Guerillaaktionen näher - im Sinne von ursächlichen Zusammenhängen - zu untersuchen. Man soll freilich den Terrorismus nicht überschätzen, er besitzt durchaus seine Grenzen, aber seine materielle und psychologische Wirkung auf die von ihm Betroffenen auch nicht unterbewerten. Besonders in der modernen industriellen Massengesellschaft kann der Terrorismus in Verbindung mit Guerillabewegungen zu einer ernsthaften, fast existentiellen Bedrohung werden. Man sollte hierbei die Komponenten einer weiteren Wirkungssteigerung des Terrorismus sehen: einmal die Antriebskräfte der Guerillabewegungen, die Zunahme der Anwendung von Terror als Mittel, um politisch-revolutionäre Ziele zu erreichen; zum andern die Perfektionierung der Guerillabewaffnung bis zur Ausrüstung mit Massenvernichtungswaffen.

3. Terrorismus und Guerillabewegungen haben - gerade in unserer Zeit - vielfach dieselben Wurzeln. Sie müssen, nach den Forschungen der Psychologen, Sozialwissenschaftler, Verhaltens- aber auch Konfliktforscher, vornehmlich in den Strukturen der modernen industriellen Massengesellschaft gesehen werden, in dem Spannungsfeld von sogenannten reichen Industrienationen und sogenannten armen Ländern der Dritten Welt (Nord-Süd-Spannung).

Forschen wir nach Wesen, Erscheinungsformen und Strukturen moderner Guerillabewegungen im Lichte der Theorie, so mag am Anfang die Frage stehen: warum gibt es Guerillabewegungen? Warum stellt sich gerade in unserer Zeit immer drängender das Guerillaproblem? Man könnte zunächst von allgemein menschlichen und sozialen Bedingtheiten ausgehen und vielleicht von einer „Guerillahaltung" sprechen. Dies führt in die Bereiche von Politik, Gesellschaft, Ökonomie und Psychologie. Bekanntlich - dies ist eine immer wieder auch durch die Geschichte bestätigte Tatsache - praktiziert derjenige die Guerilla, der sich zunächst schwächer fühlt und es zeitweilig auch ist: Hiervon zeugen zahlreiche politisch-soziale Aufstandskriege in kleinen und kleinsten Gruppen, deren Teilnehmer mit Listen aller Art, Überfällen, mit dem Überraschungsmoment und nicht zuletzt mit dem Mittel des Terrors arbeiten. Die Guerillahaltung führt darüber hinaus in strukturelle Bereiche des menschlichen Lebens. Sie entsteht überall dort, im staatlichen wie im privaten Bereich, bis in die Familie hinein, wo Hierarchien sich gebildet haben, wo es Leitende und Untergebene, Herrschende und Dienende, Unterdrücker und Unterdrückte gibt. Daraus entwickeln sich Guerillahaltungen, die zu Aktionen führen: der Unterdrückte, scheinbar Unterwürfige, immer Nachgebende oder Folgsame erlebt plötzlich einen Bewußtseinswandel, der ihn gleichsam zum reißenden Wolf macht und ihn die Guerilla praktizieren läßt. Jetzt geht es Zug um Zug in einem unerbittlichen Ringen - der Gegner und sein System müssen vernichtet werden. Gewalt wird mit Gegengewalt beantwortet, wenn die sogenannte Reizschwelle einmal überschritten ist. Immer wieder beweist die Geschichte von Guerillabewegungen diese Tatsache - seien es die Vorgänge in Indochina, in Algerien, in Irland, das Geschehen des Amerikanischen Unabhängigkeitskrieges oder auch des niederländischen Aufstands- oder Geusenkrieges in der zweiten Hälfte des 16. Jahrhunderts.

Freilich ist Guerillahaltung ein komplexes Problem. Sie kann auch weitere Ursachen, etwa aus dem spezifischen Bereich von Terror und Anarchismus haben, wie dies aus Aufzeichnungen des Westberliner Terroristen und Stadtguerilleros Michael Baumann hervorgeht. Er gibt die folgenden Stichworte und Assoziationen: Rock and Roll; „man entdeckt sich selber"; Leben in Kommunen; Gebrauch von Drogen; Zentralrat der umherschweifenden Hasch-Rebellen in Westberlin, die sich nach eigener Definition als „militanter Kern der Berliner Subkultur" begreifen; Vietnam; Charles Manson; Che Guevara; Black Panther; Benno Ohnesorg (2. Juni 1967) [9]).

Die Guerillahaltung kann also im Staats- und Gesellschaftsleben zu Konsequenzen führen: zur Kritik an dem Bestehenden, an der Art der Hierarchie, an den sie tragenden Persönlichkeiten und Systemen, zur Theoriebildung und - als letzter Schritt - zum praktischen Handeln nach den Regeln des Guerillakrieges bei gleichzeitiger Solidarisierung mit Gleichgesinnten oder Gleichbetroffenen. Das leitende Motiv ist dabei, die Ungerechtigkeiten eines bestehenden Zustandes oder Systems, wie man es empfindet, zu beseitigen und in einem langen Kleinkrieg zugleich kompromißlos auf ganz neue Lösungen und Umstrukturierung des Bestehenden hinzuarbeiten.

Die Politik, die nunmehr befolgt wird, ist eine „totale" Politik mit keinen Ausweich- oder „Frei"-Räumen. Aber die Gegenseite verfügt über den Apparat, die Exekutive; sie besitzt die Überlegenheit der materiellen Mittel, die perfektionierten Kommunikationen, die eingespielte Administration mit helfenden Computern. Ein etabliertes System steht gegen den Guerillero - im größeren Bereich gesehen: eine parlamentarische Demokratie, ein autoritäres Staatswesen oder eine überkommene Kolonialherrschaft. Der Guerillakämpfer muß auf seine Weise damit fertig werden und andere, neue, der Gegenseite nicht faßbare, letztlich überlegene Qualitäten entwickeln. Das Problem ist hierbei: der Mensch steht gegen den Apparat. Welche Chancen haben nun Stadtguerilleros gegenüber dem Computer? Wie verhält sich der Guerillero beispielsweise gegenüber den neuen Relationen von Idee, Algorithmus und Entschluß bei der modernen Kampfesführung?

Der bereits erwähnte Westberliner Terrorist und Stadtguerillero Michael Baumann entwickelt aus seiner eigenen Praxis einige, fast primitiv anmutende Gedanken zu dieser Problematik, wobei er den „Instinkt" als Alternative zum „Apparat" der Gegenseite wertet. „Instinkt", so sagt er in wenig gefeilter Sprache, „daß du unbewußt genau das Richtige machst; das ist eigentlich die höchste Form, die du bei den Guerillageschichten erreichen kannst, also einen Instinkt kriegst wie ein Tier im Dschungel". Der Fehler der RAF - Baader-Meinhof sei es gewesen, ihren eigenen, schwächeren Apparat dem der Polizei entgegengesetzt zu haben. „Die Gegenseite", so betont Baumann, „hat einfach eine viel längere Erfahrung auf diesem Gebiet. Die haben auch einen viel größeren, besseren Apparat, das ist ja auch genau ihre Geschichte, das haben sie ja auch erfunden, die Methoden der Materialsammlung, der Identifizierung usw. Da haben sie inzwischen schon einen Computer, da sind sie echt besser, da sind sie die großen Fachleute". Die Konsequenz für den Stadtguerillero ist daher folgende: Er muß instinktiv sicher sein, darf keinen Apparat aufbauen, soll Papiere fälschen und Autos knacken können, eine bessere Waffenkenntnis als die eines Soldaten besitzen und letztlich ein guter Planer sein. Kein Spezialistentum ist gefordert, vielmehr muß jeder fähig sein, alles zu machen. Baumann schreibt: „Du bist schon eine neue Qualität, du bist nicht mehr der Fachmann wie früher. Du bist Planer genau so wie Ausführender, du kannst überfallen, genau so wie du einen

Überfall aushecken kannst; und wie du ihn leiten kannst, so kannst du mit Funk umgehen, du kannst Radios umbasteln auf Polizeifunk, du lernst alles, du mußt alles kennen" [10]).

Aber auch Beispiele aus der Geschichte des neueren Guerillakrieges dürften in diesem Zusammenhang aufschlußreich sein, so der Amerikanische Unabhängigkeitskrieg gegen England, das Geschehen der Französischen Revolution (Vendée-Krieg), die Guerilla-Konzeptionen von Marx und Engels, die Pariser Kommune, die bolschewistischen Revolutionen von 1905 und 1917, der Aufstandskrieg von T. E. Lawrence, der Guerillakrieg des griechischen Obersten Grivas auf Cypern oder die anarchistische Stadtguerilla gegen die Franco-Regierung in Spanien nach 1945, wie sie beispielsweise mit dem Wirken von Francisco Sabaté el Quico in Barcelona verbunden ist [11]). Im übrigen läßt sich aus dem Gang der historischen Entwicklung entnehmen, daß der Guerillakrieg im Altertum ebenso wie im Mittelalter und in der Neuzeit mit wechselndem Erfolg praktiziert wurde und namentlich im 18. Jahrhundert als Handwerk wie als Kunst neben dem sogenannten großen Krieg einen hohen Stand erreicht hatte; Namen wie Grandmaison, Ewald, de Jeney oder Scharnhorst haben mit ihren vielverbreiteten Taschenbüchern aus den Jahren 1757 bis 1793/1815 diese Entwicklung geprägt; auch bildeten sich damals schon die Anfänge einer Theorie heraus [12]). Guerilla- oder Kleinkrieg wurde als Hilfskrieg des großen Krieges aufgefaßt und wie dieser mit Söldnerheeren geführt.

Die große Zäsur kam, bedingt durch die Einflüsse aus Politik, Gesellschaft, Ökonomie, dem Nationalismus, den Massenheeren, der Beteiligung der Völker am bewaffneten Kampf in allen Formen und Möglichkeiten mit dem amerikanischen Unabhängigkeitskrieg, dem Zeitalter der Französischen Revolution und Napoleons I. Der Guerillakrieg wird zum Volkskrieg und erhält bereits damals in Grundzügen seine moderne Ausprägung. Die zahlreichen revolutionären Aufstandskriege des 19. und beginnenden 20. Jahrhunderts, etwa seit 1848 in Kombination von nationaler Befreiung und sozialer Revolution, wie sie neben anderen in Marx, Engels, Lenin oder auch T. E. Lawrence ihre Theoretiker und Deuter fanden, führen insbesondere nach dem Geschehen des zweiten Weltkrieges unmittelbar in unsere Gegenwart.

Die heutige Welt ist von vielfältigen Konflikten aller Art erfüllt, deren Zahl weiterhin ansteigen dürfte [13]). In der Hauptsache umfassen die bewaffneten Konflikte, die sich überwiegend als Guerillakrieg abspielen, einmal den Bereich der sozialistischen Revolution, die es weiter auszubreiten gilt; zum andern den Emanzipierungsprozeß der abhängigen oder unterentwickelten Völker; drittens wäre an den Bereich anarchistischer Gewalt- oder Terrorunternehmungen zu denken. Diese Guerillabewegungen bilden darüber hinaus das Teilstück eines gigantischen Veränderungs- oder Umformungsprozesses unserer Welt; und in dem Maße, wie dieser Prozeß ein universaler ist, sind es auch die Wirkungsfelder der Guerillabewegungen. Es bedarf nicht einmal der bekannten Thesen Marschall Lin Piaos vom Kampf des „Weltdorfes" gegen die „Weltstadt", um zu begreifen, daß sich hinter den modernen Guerillabewegungen eine neuartige, weltweite Strategie verbirgt, die zugleich bedeutet, daß keine Guerillabewegung eine isolierte Erscheinung darstellt, aber daß dieser universale Bewegungs- und Umstrukturierungsprozeß auch zu einer Differenzierung oder Variierung der Guerillabewegungen bei ihrem Auftreten in den verschiedensten Formen und zu ständigen Wandlungen geführt hat.

Im Lichte dieser Tatsachen und Zusammenhänge ist es einleuchtend, daß sich solche Guerillabewegungen mit ihrem Wachstum in aller Welt auch ihre eigene Theorie schufen, in welcher Kampftechnik, Taktik, Strategie, politisch-soziale, ökonomische und auch menschliche Grundlagen systematisiert wurden. Waren die Grundlagen der modernen Guerillatheorie bereits im 19. und zu Beginn des 20. Jahrhunderts gelegt worden, so sahen es nach 1918 und 1945 besonders die farbigen und unterentwickelten Völker als ihre Aufgabe an, ihre vielfältigen Kampferfahrungen im Guerillakrieg durch eine entsprechende Theorie zu fixieren; Namen wie Mao Tse-tung, Lin Piao, Alberto Bayo, Che Guevara, Nasution, Giap, Kwame Nkrumah oder Marighella bezeichnen diese Entwicklung. Die Theorie sollte zugleich grundsätzliche Fragen erörtern (Focus-Theorie; Problematik der Dominanz „orthodoxer" kommunistischer Parteien bei Guerillabewegungen), vor allem aber mit der Praxis übereinstimmen, dazu den Blick des Guerilleros für die Gesamtzusammenhänge ebenso schärfen wie im einzelnen ein sachgerechtes, der jeweiligen Situation angepaßtes Handeln gewährleisten. Mitunter erwuchs daraus eine förmliche Guerilla-„Felddienstordnung" (z. B. Marighellas „Minihandbuch des Stadtguerilleros").

Diese Theorien (wobei auch Clausewitz studiert wurde) trugen dazu bei, den Guerillakrieg als eigene Form des bewaffneten Kampfes mit neuen Dimensionen dem sogenannten großen oder auch begrenzten Krieg regulärer, konventioneller Streitkräfte zur Seite zu stellen; ihn also als gleichberechtigt anzusehen oder gar ein ganzes System der Landesverteidigung auf ihm aufzubauen, wie dies in Jugoslavien bekanntlich der Fall ist[14]) oder auch in der Lehrschrift des schweizerischen Oberstleutnant von Dach

„Kleinkriegsanleitung für jedermann" zum Ausdruck kommt [15]. Im wesentlichen dürften die Guerillatheorien von sieben Elementen bestimmt werden: 1. Berücksichtigung der jeweiligen besonderen Situation, in welcher die Guerillabewegung wirkt, 2. dem Marxismus-Leninismus; 3. dem Maoismus; 4. dem Nationalismus (z. B. Nasution, Grivas); 5. dem Anarchismus; 6. dem Guerillakrieg als nur ein Mittel unter anderen (nicht einmal das wichtigste) im revolutionären Kampf (Lenin); 7. der Guerilla als Kern des Volkskrieges (Mao). Grundsätzlich gelten für Stadt- und Landguerilla, für Kaderguerilla wie für anarchistische oder rein terroristische Guerilla die gleichen theoretischen Bedingungen, zumindest im Hinblick auf Kampfesführung oder Kampftechnik (Aktionen in kleinen und kleinsten Gruppen, Wendigkeit, Elastizität, Überraschungsmoment, Improvisation, höchstqualifizierte Einzelkämpfer).

Zudem hat man sich seitens der Guerillabewegungen bemüht, so etwas wie eine eigene Philosophie als Teil der Theorie zu entwickeln. Einen Versuch dieser Art unternimmt Abraham Guillén mit seiner Schrift „Philosophie der Stadtguerilla". [16]) Diese Philosophie versteht sich als eine sozial- und politische Lehre auf marxistischer Grundlage, als eine dialektische Betrachtungsweise der Politik. Guillén, einer der führenden Theoretiker der modernen Stadtguerilla in Uruguay, verbindet seine Philosophie mit Themen wie „Strategie der Stadtguerilla", „Theorie der Gewalt" und „Aufstand der Dritten Welt". Seine Philosophie - soweit man diese Bezeichnungen für seine Ausführungen gebrauchen will - erscheint vor allem als eine Widerspiegelung der revolutionären Praxis des Guerilleros. Indem Guillén sich kritisch mit Hegel und Marx im Lichte der Praktizierung der Stadtguerilla auseinandersetzt, sucht er letzthin eine Synthese zwischen Anarchismus und Marxismus herzustellen, d. h. eine Kombination der Beiträge von Marx und Bakunin zur revolutionären Theorie und Praxis zu schaffen. Diese Kombination, so das Ziel Guilléns, soll sich gegenüber den traditionellen Formen des europäischen Marxismus, aber auch des Anarchismus theoretisch und praktisch als überlegen erweisen. Nur durch eine andersartige Kombination von Marx' und Bakunins Beiträgen zur revolutionären Theorie sei es möglich, die folgenden intellektuellen Irrtümer zu überwinden: 1. Unterschätzung der revolutionären Umformung, wie sie in den sozialistischen Ländern durch die Abschaffung des Bürgertums als Klasse und der kapitalistischen Produktionsweise vollzogen wurde. 2. Überschätzung der volksnahen Basis der Revolutionen des 20. Jahrhunderts im Hinblick auf die Erwartung einer nahe bevorstehenden sozialistischen Revolution in den fortgeschrittenen Ländern, ausgelöst und geführt durch das Proletariat. Guilléns Leitsätze: „Der Anarcho-Marxismus ist die revolutionäre Wissenschaft unserer Epoche. Marxistisch in seiner ökonomischen Konzeption des Kapitalismus, im Hinblick auf die Widersprüche des Kapitalismus und die Mittel, diese Widersprüche zu überwinden. Anarchistisch in seiner Konzeption der unmittelbaren Demokratie selbstverwalteter Unternehmen und Föderation von frei assoziierten Arbeitern. Marxistische und anarchistische Formen des Sozialismus werden miteinander vereint in dem Sozialismus der Selbstverwaltung, wenn die Organe der Produktion und Administration auf unmittelbare Demokratie und nicht auf Bürokratie gegründet sind." [17])

Geht man von den bisher umrissenen Tatsachen und Zusammenhängen aus, so erscheinen die modernen Guerillabewegungen in der Tat als ein gewichtiges Agens im politischen, sozialen und ökonomischen Bereich von Völkern und Staaten, als eine Realität im inneren wie im äußeren Sektor, welche dem Betrachter schließlich die Frage nach den Möglichkeiten, aber auch den Grenzreichweiten des Guerillakrieges nahelegt. Voraussetzungen für das Wirken von Guerillabewegungen, so sagt die Theorie, sind etwa drei Umstände: 1. Kampftechnik, innere Struktur und Organisation müssen den jeweiligen Zielsetzungen und Bedingtheiten entsprechen (sachgerechte, wohldurchdachte Relation von Zweck, Ziel und Mittel); u. a. enthält das bereits genannte „Minihandbuch" Marighellas ebenso entsprechende praktisch-technische Angaben, wie sie Lenin in seinen Aufsätzen über den Partisanenkrieg (1906) auf grundsätzlicher Ebene verfaßte. 2. Sind elementare politische, ökonomische und soziale Voraussetzungen für das Auftreten von Guerillabewegungen gegeben, so wird hieraus auch die entsprechende Motivierung für die Aktionen erwachsen. Dies besagt: Die Guerillabewegung muß es verstehen, ihre Ziele den Wünschen der Bevölkerung anzupassen, so daß „der Fisch im Wasser schwimmen" kann. Praktisch entscheidet über das Schicksal einer Guerillabewegung das Votum der Bevölkerung, nicht aber die Art der Kampftechnik oder das Maß des ausgeübten Terrors. 3. Benötigt eine Guerillabewegung, um erfolgreich zu sein, eine vermögende Anlehnungsmacht, die ihre Interessen unterstützt, sie versorgt und nötigenfalls auch Ausweichquartiere jenseits der Grenzen des Kampfgebietes für sie bereithält.

In der Praxis - gerade auch in unserer Zeit - sind Guerillabewegungen wiederholt erfolgreich gewesen; sie haben ihre Ziele erreicht, mitunter eine gesellschaftliche Umstrukturierung bewirkt oder den Prozeß der Dekolonisation nicht unwesentlich zu ihrem Teil gefördert. Man könnte hier etwa an China, an Indochina, die Guerillabewegungen in den ehemaligen afrikanischen Kolonien Portugals, an den Guerillakrieg des griechischen Obersten Grivas in Cypern, an den Kampf indonesischer Guerillas gegen die Holländer [18]), an die kubanische Revolution oder an den Kampf der algerischen Guerillabewegung gegen die französische Herrschaft denken. Aus eingehenden Untersuchungen von Hartmut Elsenhans über Frankreichs Algerienkrieg geht hervor, wie total ein Guerillakrieg unter bestimmten Voraussetzungen sein kann; wie er zutiefst in die politischen, sozialen und ökonomischen Strukturen der von ihm bekämpften Kolonialmacht eingreift und ihre Streitkräfte gerade durch die enge Verbindung von sozialen Komponenten und Kleinkrieg vor praktisch unlösbare Aufgaben in einem ebenso langandauernden wie zermürbenden Ringen stellt. „Die physische Gewalt der Guerilla", so urteilt Elsenhans, „war nur ein Initiator für den grundlegenden Vorgang der Organisation der autochthonen Bevölkerung durch die Befreiungsfront und ihrer Mobilisierung im politisch-militärischen Kampf gegen die Kolonialmacht. Diesen Prozeß konnte die Guerilla unterstützen, indem sie französische Kräfte band, die französische Präsenz zumindest zeitweilig, nämlich bei Nacht, oder dauernd ihrer Schutzfunktion beraubte und Ansätze der Kooperation einzelner Teile der Bevölkerung mit der Kolonialmacht durch Liquidierung der zur Kooperation bereiten Individuen und auch Gruppen verhinderte. Insofern war sie ein Schutzschirm für den eigentlichen Prozeß der Verselbständigung der autochthonen Gesellschaft." [19]) Man darf hinzusetzen: wo eine Guerillabewegung, ganz von der Bevölkerung getragen, für eine gerechte Sache kämpft, dürfte es für die Gegenseite, für Regierungstruppen oder andere Exekutivorgane kaum möglich sein, zu siegen; hierfür steht etwa das irische Beispiel 1919-1922.

Trotz wiederholter Erfolge finden Guerillabewegungen freilich auch ihre Grenzen. Das Scheitern des griechischen Aufstandskrieges 1944-1948 oder der malayischen Guerillabewegung (1948-1960) in ihrem Kampf gegen die englische Schutzmacht wie gegen die einheimische Regierung [20]) bezeugen diesen Sachverhalt. Grundsätzlich werden Guerillabewegungen dort ihre Ziele nicht erreichen, wo sich die Bevölkerung ihnen versagt, wo sie die Lage falsch interpretieren (Wunschbilder), von der Gegenseite durch überlegenes politisches Spiel und treffende Verwendung der Exekutive von ihren Basen isoliert werden oder nicht in der Lage sind, die gefährliche konspirative Anfangsphase zu überstehen. Das Scheitern Che Guevaras in Bolivien ist hierfür ein treffendes Beispiel. Gelingt es darüber hinaus den Regierungstruppen, der Bevölkerung etwa die Angst vor den Guerillas zu nehmen, so haben diese das Spiel verloren.

Hinzu kommt die Tatsache, daß die Konterguerilla, wie sie in zunehmendem Maße von den durch die Guerillabewegungen betroffenen Staatsregierungen entwickelt wird, an Boden gewinnt, zumal wenn sie es nach dem Muster der Guerilla versteht, die Belange der Bevölkerung anzusprechen und diese für ihre Sache zu gewinnen. Wie bei der Guerilla, so vollzieht sich auch das Schicksal der Konterguerilla mit dem Votum des Volkes. Trifft sie ihr politisches, soziales und ökonomisches Ziel nicht, so helfen keine noch so perfektionierte Organisation, Ausbildung, Ausrüstung, Bewaffnung und Kampftechnik. In neuerer Zeit haben vor allem die Israelis erfolgreiche Methoden der Konterguerilla entwickelt und praktisch gegen die Palästinenser erprobt.

Im übrigen wird auch die Polizei entsprechend herangebildet. In seinem Artikel „Großstadtguerilla" [21] weist Müller-Borchert warnend darauf hin, diese Guerilla sei das Konzept eines bisher unbekannten Krieges, „ein Konzept des Terrors mit dem Ziel, einen hochindustrialisierten Staat, der sich hinter einem militärischen Potential als Massenvernichtungswaffen nach außen geschützt glaube, von innen heraus zu vernichten; das ungeheure Potential an Massenvernichtungsmitteln, dazu die schwerfällige Militärmaschinerie eines Staates könnten gleichsam durch eine Handvoll Leute mit fast primitiven Mitteln unterlaufen werden". Es sei der folgenschwere Irrtum unserer Industriegesellschaft, anzunehmen, daß sich der Guerillakrieg an bestimmte Gegebenheiten binde. Großstadtguerilla, so betont der Verfasser, gehe davon aus, daß ein Industriestaat nur solange existiere, wie seine öffentliche Sicherheit und Ordnung gewährleistet seien; wer also einen Industriestaat lähmen wolle, müsse seine öffentliche Ordnung angreifen und zerstören. Mit Recht weist Müller-Borchert hierbei auf die enge Verflechtung aller Teile des modernen Industriestaates und auf die sich daraus ergebende Interdependenz hin. Die Polizei müsse hieraus in Ausbildung, Organisation und Aufgabenstellung entsprechende Konsequenzen ziehen. Ergänzend hierzu urteilt der ehemalige FBI-Direktor Hoover: die Großstadtguerilla sei „eine Herausforderung von ungeheurem Ausmaß, und zwar nicht nur für die Polizei, sondern für die ganze Nation". Die Polizei, besonders gefährdet, sehe sich einem Gegner von außerordentlicher Härte und Grausamkeit gegenüber. [22]

Schließlich sei nicht unerwähnt, daß moderne Armeen dazu übergegangen sind, Sondereinheiten zur Bekämpfung von feindlichen Guerillaverbänden zu schaffen. Bekannt sind die amerikanischen Special Forces, die ein - rationell gesehen - nahezu perfektes System der Konterguerilla entwickelt haben: nicht nur militärisch-kampftechnisch, sondern vor allem auf politischer, sozialer, ökonomischer und psychologischer Ebene. Die Verantwortlichen dieser Sondereinheiten erkennen: primär ist der zivile Sektor; gelingt es, die feindlichen Guerillas dort zu treffen, so kann der Erfolg nicht ausbleiben. Daß die Special Forces in Vietnam letzthin nicht das hielten, was man sich von ihnen versprochen hatte, lag weniger an ihnen selbst als vielmehr im ganzen System der amerikanischen Politik und Strategie begründet.[23])

Zusammenfassend darf vielleicht folgendes gesagt werden:

1. Die Guerilla wie der Terrorismus sind Erscheinungsformen im Leben der menschlichen Gesellschaft, mit denen sie heute mehr denn je konfrontiert ist und mit denen sie aus existentiellen Gründen fertig werden muß. Dies bedeutet: praktisches und theoretisches Studium der einschlägigen Probleme wird zur zwingenden Notwendigkeit für die Regierung wie für den einzelnen Bürger. Prinzipiell ist das Ganze eine Angelegenheit der Politik, die hier die erforderlichen Konsequenzen ziehen muß. Der Politiker ist als erster bei der Lösung des Terror- und des Guerillaproblems gefordert. Er ist der verantwortliche Repräsentant des Staates mit vielen Vorrechten. Die Exekutive, d. h. Armee und Polizei, sind nachgeordnet. Mit Recht hat man in Israel - von hoher ethischer Warte aus, aber auch unter dem Zwang der dortigen besonderen Situation - den Politiker mit dem Soldaten verglichen. Er muß in vorderster Front stehen und gegebenenfalls auf seinem Posten auch mit seinem Leben eintreten - nicht aber mit Steuergeldern ausgelöst werden, wenn er sich als Geisel in den Händen von Guerillas befindet. Die Theorie des Guerilla- und Terrorproblems lehrt: nur konsequente Härte, Festigkeit eines klaren Standpunktes - wie dies in Israel zu beobachten ist - kann dem dezidierten Vorgehen der Terroristen Widerstand bieten. Das Guerillaproblem dürfte kaum effektiv durch die Einführung des „Kronzeugen" zu lösen sein.

2. Das theoretische Studium des Terror- und Guerillaproblems ist ebenso wesentlich wie die Kenntnis der Praxis. Beide Bereiche müssen hier aufs engste zusammenwirken, sich wechselseitig ergänzen und unterstützen. Darüber hinaus dürfte es sich als erforderlich erweisen, die Dinge auf interdisziplinärer Ebene anzugehen: Sozial- und Militärwissenschaften, Ökonomie, Philosophie, Psychologie,

Technologie, Naturwissenschaften und Konfliktforschung bezeichnen einige Disziplinen, an die zu denken wäre.

3. Zur Einschätzung des Guerillaproblems wird man grundsätzlich, nach den Impulskräften, zwei Arten von Guerillabewegungen unterscheiden. Einmal solche, die ganz mit der Bevölkerung verwurzelt sind und von dort her, im Sinne einer gerechten Sache die entscheidende Stärkung erhalten, d. h. mehr oder weniger mit dem Volk identisch sind. Solche in der Bevölkerung verankerten Guerillabewegungen sind kaum zu schlagen oder zu beseitigen - es sei denn, man vernichtet das ganze Volk. Hier kann schließlich nur eine politische Lösung in Frage kommen. Zum anderen: es treten Guerillabewegungen auf, die eher von außen, von fremden Mächten angetrieben oder in deren Interesse gesteuert werden, d. h. Guerillabewegungen, die mit ihren Aktionen nicht hinreichend den Wünschen der Bevölkerung entsprechen. Solche Guerillabewegungen könnten wirksam bekämpft werden, etwa durch Isolierung von ihren Basen, wie dies u. a. das Beispiel Malayas zeigt. Ebenso besitzen bloße anarchistische oder terroristische Guerillagruppen ihre fühlbaren Grenzen.

4. Die aus der Praxis abstrahierte Theorie weist aus: der Terrorismus und das Guerillaproblem sind primär im sozialen, politischen, ökonomischen und psychologischen Bereich zu sehen; entscheidend ist die jeweilige Gesellschaftsstruktur. Werden Guerillaaktionen insbesondere des Terrorismus als eine ernstzunehmende Beunruhigung der Bürger empfunden, so erwächst daraus der verantwortlichen Staatsleitung die Aufgabe, den Ursachen dieser Erscheinung nachzugehen und in Staat und Gesellschaft solche Zustände zu schaffen, die wenigstens keinen drängenden Anlaß zu Mißständen oder gar tiefergreifender, zu Guerillaaktionen führender Kritik bieten. Die Fürsorgepflicht von Regierung und Staat für das Allgemeinwohl ist zuerst aufgerufen. Polizei und Armee können das Problem selbst bei größter Vervollkommnung ihrer Mittel nicht lösen, wenn die Politik versagt.

Jedermann ist daher aufgefordert, das Terror- und Guerillaproblem mit allem Ernst zur Kenntnis zu nehmen, nach besten Kräften mitzuhelfen, den Ursachen dieser Erscheinungen nachzugehen und sie zu beseitigen. Gesunde politische, soziale, ökonomische, moralisch und finanzielle Verhältnisse in einem in sich fest ruhenden, auch durch geschichtliche Kräfte geformten Staatswesen entziehen Terrorismus und Guerillaaktionen weitgehend den Boden oder reduzieren sie auf ein Mindestmaß, welches keine ernsthafte Existenzbedrohung der Gemeinschaft darstellt.

Anmerkungen:

[1]) Vgl. R. Clutterbuck, Protest and the urban guerrilla (1973), S. 257 ff.

[2]) Hier seien erwähnt die „Etudes polémologiques. Revue française de polémologie". Hrsg. v. Institut Français de Polémologie. Fondé en 1945. Pour l'étude scientifique des guerres, des paix et de conflits.

[3]) Vgl. F. Hacker, Terror, Mythos, Realität, Analyse (1973), S. 408 f, zur Problematik s. auch S. 21 ff. Zur Sache.

[4]) Vgl. P. Wilkinson, Political terrorism (1974), S. 9 ff, 32 ff.

[5]) Vgl. in diesem Zusammenhang u. a. P. Brückner, B. Sistermann, Gewalt und Solidarität. Zur Ermordung Ulrich Schmückers durch Genossen. Dokumente und Analysen (1974).

[6]) Wilkinson a. a. O., S. 151.

[7]) Vgl. G. Mury, Schwarzer September. Analysen, Aktionen und Dokumente (1974), S. 43 ff.

[8]) Vgl. S. A. L. Marshall, A perspective on terrorism. In: O'Neill, Revolutionary warfare in the Middle East (1974), S. III ff.

[9]) Vgl. M. Baumann, Wie alles anfing (1975), S. 7 ff, 17 ff.

[10]) Baumann a. a. O., S. 102 ff.

[11]) Vgl. hierzu A. Tellez, Sabaté, Guerrilla Extraordinary (1974).

[12]) Vgl. neuerdings J. Kunisch, Der Kleinkrieg. Studien zum Heerwesen des Absolutismus (1973).

[13]) Vgl. in diesem Zusammenhang D. Wood, Conflicts in the Twentieth Century. Adelphi Papers 48 (1968).

[14]) Vgl. u. a. Konzeption der allumfassenden Verteidigung Jugoslawiens (1970).

[15]) Vgl. H. v. Dach, Der totale Widerstand. Kleinkriegsanleitung für jedermann[3] (1966).

[16]) Vgl. Philosophy of the urban guerrilla. The revolutionary writings of Abraham Guillén (1973).

[17]) Guillén a. a. O., S. 1-55. - Zur grundsätzlichen Einschätzung des Anarchismus, seiner historischen, geistigen, politischen und sozialen Voraussetzungen vgl. u. a. Anarchismus. Theorie, Kritik, Utopie. Texte u. Kommentare. Hrsg. v. A. v. Borries u. I. Brandies (1970); E. Eucken-Erdsieck, Die Macht der Minderheit. Eine Auseinandersetzung mit dem Neuen Anarchismus. Rufer zur Gewalt. Lehrer der radikalen Jugend. Der gesellschaftliche Guerillakrieg. Herder-Bücherei Bd. 372 (1971).

[18]) Vgl. in diesem Zusammenhang neuerdings H. W. Nöbel, Heer und Politik in Indonesien. Zielsetzung und Zielverwirklichung einer militärischen Organisation 1945-67. Militärgeschichte seit 1945, 2 (1975), S. 9 ff, 15 ff.

[19]) Vgl. H. Elsenhans, Frankreichs Algerienkrieg 1954-1962. Entkolonisierungsversuch einer kapitalistischen Metropole. Zum Zusammenbruch der Kolonialreiche (1974) S. 375 f.

[20]) Vgl. hierzu insbes. R. Clutterbuck, The long long war. The emergency in Malaya 1948-1960 (1966).

[21]) In: „Die Polizei", 61 (1970), 11/12, S. 337 ff.

[22]) Vgl. FBI-Direktor Hoover, Die Polizei und der kriminelle Guerilla-Revolutionär. In: FBI Law Enforcment Bulletin, Dec. 1970, S. 20.

[23]) Vgl. hierzu neuerdings Francis J. Kelly, U. S. Army Special Forces 1961-1971. Vietnam Studies. Department of the Army (1973), S. 3 ff, 171 ff.

Der Sieg der Guerilla — das Beispiel Vietnam

Anton Legler, geb. 1919. Studium der
Geschichte in Wien. Promotion zum Dr. phil.
Nach der Aufstellung des österreichischen
Bundesheeres im Bundesministerium für
Landesverteidigung tätig. Seit 1966 Leiter der
Militärwissenschaftlichen Abteilung des
Heeresgeschichtlichen Museums in Wien.

Anton Legler

Guerilla contra moderne mechanisierte Armee - Erfahrungen aus Indochina und Südostasien

Seit dem Auftreten von Guerillas im rückwärtigen Gebiet der deutschen Ostfront und auf dem Balkan im zweiten Weltkrieg und seit dem Indochina- und Algerienkrieg, begannen sich Militärexperten in zunehmendem Maße mit der Frage zu beschäftigen, wieso zahlenmäßig und technisch weit überlegene Armeen nicht mit Partisanenverbänden fertig werden konnten. Heute, nachdem der Krieg in Südvietnam sein tragisches Ende gefunden hat, stehen wir erneut diesem Problem gegenüber: Wie war es möglich, daß technisch weit unterlegene Partisaneneinheiten 2,5 Millionen bestausgerüsteten amerikanischen Armeeangehörigen, die während des elfjährigen Engagements der USA in Vietnam beziehungsweise in Indochina eingesetzt waren, Jahre hindurch Widerstand leisten und nicht besiegt werden konnten?

Diese Frage soll auf Grund bisheriger Erkenntnisse und Forschungen so gut wie möglich beantwortet werden. Vorerst möchte ich aber zum besseren Verständnis einen kurzen Rückblick auf die dem Vietnamkrieg vorangegangenen Ereignisse machen.

Der Guerillakrieg ist keine gänzlich neue Erscheinung. Er wurde von mehreren Kriegstheoretikern und Militärwissenschaftlern bereits im vergangenen und am Beginn dieses Jahrhunderts untersucht und verschiedenartig beurteilt. Die, vor allem von Fuller und Liddel Hart vorausgesagte größere Rolle des modernen Guerillakrieges hat sich bestätigt, vornehmlich im zweiten Weltkrieg und in der Folge auf asiatischem Boden, in China. In diesem Erdteil erhielt diese von der kommunistischen Partei geleitete Kriegsart zur Zeit des Kampfes der Chinesen gegen die japanischen Truppen und während des nahezu zwanzigjährigen Bürgerkrieges, des sogenannten „langen Marsches" der chinesischen Kommunisten, durch Mao Tse-tung ein ausgesprochen asiatisches Gepräge. Mao gilt als eigentlicher Schöpfer der neuen Kriegstheorie, als Initiator des sogenannten Volkskrieges und als Lehrmeister des kommunistischen Partisanenkampfes im östlichen Asien.

Erfolgreich im Kampf gegen Tschiang Kai-schek erprobt, wurde die subversive Kriegführung asiatischer Prägung im Indochinakrieg vom Viet Minh, mit General Giap an der Spitze, übernommen und gegen die französische Kolonialstreitmacht erneut mit bestem Erfolg angewendet.

Die Franzosen versuchten mit Ende des zweiten Weltkrieges, im Jahre 1945, in Vietnam wieder Fuß zu fassen, stießen dabei aber auf starken Widerstand der kaum 15 Jahre alten kommunistischen Partei Vietnams, die am 25. August 1945 in Hanoi die Republik Vietnam unter Führung Ho Chi Mins ausgerufen hatte. Ein am 6. März mit Ho Chi Min abgeschlossener Vertrag konnte die Meinungsverschiedenheit über die staatliche Zukunft Vietnams nicht beseitigen. Am 19. Dezember 1946 rief Ho Chi Minh nach einem französischen Angriff auf die vietnamesischen Streitkräfte in Haiphong zur Volkserhebung auf, die in einem blutigen Guerilla-Krieg mündete.

Das weit überlegene Kräftepotential der Franzosen schränkte allerdings die Aktionsmöglichkeiten des Viet Minh zu diesem Zeitpunkt noch weitgehend ein, so daß der erste Kommandant des französischen Expeditionskorps, General Leclerc, der Überzeugung war, er könne mit seinen modern ausgerüsteten Truppen binnen kürzester Zeit das ganze Land besetzen. Seine Generäle rechneten für die Okkupation des südlichen Vietnam mit höchstens zehn Wochen. Daß aus diesen Wochen neun Jahre werden sollten und daß der vermeinte Sieg zu einer Niederlage und zum Rückzug führen würde, ahnten die Franzosen am allerwenigsten. Sie ahnten es nicht, weil sie die Strategie und Taktik des Viet Minh nur wenig kannten oder unterschätzten.

Die Kommunisten brauchten Zeit, um das Kräfteverhältnis aufzuwiegen. Daher verfolgten sie konsequent die Strategie eines lang andauernden Krieges. Je mehr es ihnen gelang, den Krieg auszudehnen, um so mehr selbstverwaltete Stützpunkte und freie Zonen konnten sie im ganzen Lande, vor allem im feindlichen Hinterland, errichten und ein starkes Heer aufbauen. Der Viet Minh brauchte, um sein strategisches Ziel zu erreichen, auch die Unterstützung der Bevölkerung. Da ein Großteil aus Bauern bestand und die meisten von ihnen nur wenig besaßen, wollte man ihre Sympathien für den Widerstand vorerst durch die Herabsetzung der Pacht- und Leihzinsen, in weiterer Folge durch Enteignung mehrerer Großgrundbesitzer sowie durch Versprechung einer Agrarreform gewinnen. Nach solchen Maßnahmen war es dann nur mehr ein Leichtes, diese Bauern am Nationalgefühl zu packen, um sie gegen die Kolonialherren zu begeistern, wie dies auch seinerzeit Stalin in seiner Bedrängnis bei den Russen gegen die deutsche Besatzung tat. Aus diesen Bauernmassen rekrutierte man, nach vorherigen gründlichen Aufklärungsarbeiten sowie politischen Schulungen, das Gros der Widerstandskämpfer, so daß Giap, nicht zu Unrecht, den Indochinakrieg als Bauernkrieg bezeichnete.

Kräftemäßig den Franzosen weit unterlegen, mußten die Kommunisten ihre Kampftätigkeit in den ersten Jahren auf die Partisanenkriegführung beschränken, eine Kriegsart, die vollkommen der Konzeption eines Volkskrieges entsprach: Durch kleine Geplänkel, wendige, überraschende und schnelle Angriffe und ebenso rasche Rückzüge den Feind zu zermürben, seine Kerntruppen zu schwächen und so weit wie möglich aufzusplittern. Mit dieser Taktik gelang es dem Viet Minh, die französischen Kräfte im Laufe der Jahre aufzulösen, so daß die ursprünglichen Divisionen, in Tausenden von Stützpunkten stationiert, meist nur mehr als Einheiten operierten. Es handelte sich um Befestigungspunkte, die die Franzosen in nahezu allen Dörfern errichtet hatten, mit dem Ziel, das Land leichter unter die Kontrolle zu bringen. Reguläre Einheiten des Viet Minh griffen jeweils konzentrisch eine dieser Basen an und schalteten sie so der Reihe nach aus.

Bis Frühjahr 1949 war der Aufbau der kommunistischen Streitkräfte weit fortgeschritten. Neben den Partisanen verfügte der Viet Minh damals bereits über regionale und auch reguläre Verbände, gegliedert in durchzentralisierte und straff disziplinierte Bataillone und Regimenter. Im August 1949 stellte er die erste Division mit der Nummer 308 auf. Seine Armee war nicht nur zahlenmäßig gewachsen, sie griff jetzt immer häufiger in Regimentsstärke, und nicht wie früher in Zügen und Bataillonen, an. Beachtenswerte Hilfe bei der Aufstellung dieser Verbände leistete in erster Linie die Sowjetunion und, seit dem Jahr 1949, das kommunistische China, denn „... unser Sieg ist nicht denkbar, ohne die großzügige Unterstützung der sozialistischen Länder ..." bekennt Giap in seinem Werk über den Volkskrieg und die Volksarmee. Es muß allerdings festgehalten werden, daß auch die französische Armee ab 1950, vor allem nach Beendigung des Koreakrieges, in zunehmendem Maße von den Vereinigten Staaten umfangreiche Hilfe erhielt.

Die Franzosen erkannten nun die schwierige Situation, in die sie geraten waren. Sie hofften, mit der Abkommandierung General de Lattre de Tassigny's nach Indochina im Jahre 1950 eine Wende herbeiführen zu können. Die von ihm angeordnete Massierung der Truppen sowie die harten Säuberungsaktionen endeten wie in den früheren Operationen erfolglos. Für die Niederringung der Kommunisten war es zu diesem Zeitpunkt bereits zu spät. Der Viet Minh verfügte, zumindest im nördlichen Vietnam, über ein kompaktes und sicheres Hinterland, einen gut funktionierenden Nachschub, eine schlagkräftige Armee und über unzählige, zu militärischen Stützpunkten ausgebaute Dörfer. Er konnte überall angreifen, nahezu an jedem Ort eine Front errichten und den Nachschub der Franzosen gefährden oder unterbinden. Der Viet Minh erreichte nun jene Phase des Widerstandes, in welcher das Stärkegleichgewicht sich zu seinen Gunsten wandelte und er den Guerillakrieg in einen Bewegungskrieg umfunktionieren konnte.

Diente ihm der Partisanenkrieg zum Überleben, zur Selbsterhaltung und zum Ausbau der Macht, so war es nun möglich, ja notwendig geworden, den Feind mit regulären Truppen durch den Bewegungskrieg zu bekämpfen und zu vernichten. Die einsetzenden, kontinuierlich geführten örtlichen Offensivgefechte ermöglichten es den Kommunisten zwischen 1950 und 1952 die operativ-taktische Initiative im nördlichen Vietnam endgültig an sich zu reißen. Die seit dieser Zeit praktizierte Koordinierung von Einsätzen der Partisanen und der regulären Truppen erwies sich beim Übergang zur allgemeinen Offensive in den Jahren 1953-55 als außerordentlich wirksame und schlagkräftige Kampfform, die, allmählich zunehmend, in der Entscheidungsschlacht von Dien Bien Phu am 7. Mai 1954 ihren erfolgreichen Abschluß fand.

Mit dem Fall dieser, von den Franzosen als uneinnehmbar angesehenen Festung sowie des nordwestlichen Vietnam, räumte der damalige General Navarre auch das Delta des Roten Flusses und somit den ganzen Norden Vietnams und bezog entlang des 18. Breitengrades eine neu errichtete Verteidigungslinie. Die am 24. April 1954 eröffnete Genfer Indochinakonferenz wurde nach diesen Ereignissen und nach dem Sturz der Regierung Laniel durch das neue Kabinett Mendés-France am 21. Juli 1954 ihrem Ende zugeführt. Alle dort getroffenen Vereinbarungen wurden von Frankreich akzeptiert: Die Schaffung der unabhängigen Staaten von Laos, Kambodscha und Vietnam; die Errichtung einer Demarkationslinie mit einer entmilitarisierten Zone zwischen Nord- und Südvietnam am Ben-Hai-Fluß, im Bereich des 17. Breitengrades; der Abzug der französischen Truppen aus Indochina und die Abhaltung von freien Wahlen in ganz Vietnam im Juni 1956 mit dem Ziel, die staatliche Einheit wieder herzustellen.

Südvietnam lehnte, aus Furcht vor einer kommunistischen Machtergreifung, gesamtvietnamesische Wahlen ab, führte im eigenen Bereich am 9. März 1956 freie Wahlen durch und baute mit amerikanischer Hilfe einen nichtkommunistischen Staat auf, in den es die eine Million zählenden nordvietnamesischen Flüchtlinge, meist Handwerker und Bauern, eingliederte. Nordvietnam dagegen wurde nach dem Muster der Volksdemokratie aufgebaut und erhielt von China, der Sowjetunion und den Ostblockstaaten umfassende wirtschaftliche Unterstützung.

Man sieht bereits bei der Errichtung dieser beiden Staaten eine Kontinuität in der Hilfeleistung, in der Abgrenzung von Interessensphären der Großmächte in Südostasien, die ganz in das damalige Bild des kalten Krieges hineinpaßte, in eine Zeit, als die verschiedenen Militärblöcke, sei es im Westen oder Osten, im Entstehen waren. Es ging, um nur die Vereinigten Staaten zu erwähnen, den Amerikanern nicht in erster Linie um das Regime Diem oder Thieu oder um den Wiederaufbau eines vom Kriege in Mitleidenschaft gezogenen Landes, sondern vielmehr um die Errichtung einer Barriere gegen eine weitere Expansion des Kommunismus in diesem Raume. Südvietnam lag am Rande der amerikanischen Einflußsphäre im Südosten Asiens, im Vorfeld der Staaten des im September 1954 unterzeichneten SEATO-Paktes. Es mußte verteidigt werden und für die „freie Welt" erhalten bleiben, damit Südostasien nicht noch stärker gefährdet werde. Denn wer Südostasien besitzt, kontrolliert den internationalen See- und Luftverkehr von Europa und Afrika nach dem Fernen Osten und beherrscht das Tor vom Indischen zum Stillen Ozean sowie die Brücke zwischen Asien und Australien. Darüber hinaus ist er im Besitz wichtiger Rohstoffe (84,3% der Kautschuk- und 65% der Zinnweltproduktion).

Von dieser Warte aus gesehen wird es klar, daß das amerikanische Engagement in Vietnam nicht isoliert, sondern im Rahmen der globalen Strategie der Vereinigten Staaten betrachtet werden muß. Es wird ferner auch verständlich, warum die Amerikaner so viel Geld in den Vietnamkrieg investierten (140 Milliarden Dollar) und so viele Menschen an Toten (46 000) und Verwundeten (über 300 000) opferten. Es gab zu Beginn des amerikanischen Eingreifens kaum einen Zweifel, daß der Ausgang des Krieges nicht zugunsten der mächtigsten Nation der Welt, der USA, enden würde. Man war fest davon überzeugt, der Kommunismus könne in Vietnam genauso aufgehalten werden, wie einige

Zeit vorher in Korea. Und als dann der Krieg eine andere Wendung nahm und die amerikanischen Absichten vollständig scheiterten, fand die Welt keine Antwort auf die Frage, wieso das geschehen konnte.

Nach Unterzeichnung des Genfer Abkommens wurde viel vom Frieden gesprochen, auch in Nordvietnam. Nur war dort von einem modifizierten Frieden, nämlich von einer friedlichen Wiedervereinigung die Rede. „Der Norden wird", schreibt Giap, „die feste Bastion in unserem Kampf zur friedlichen Wiedervereinigung des Landes." Die Betonung lag allerdings auf der Wiedervereinigung. Diese wollte man um jeden Preis, auch mit Gewalt erzwingen. Hierfür baute und rüstete Hanoi seine, ohnehin schon gute Armee, noch weiter und besser aus, sorgte aber zugleich auch für den Fortbestand ihrer Partisaneneinheiten. Diese kriegserprobten Guerillas wurden bald, nachdem eine friedliche Lösung des Problems geschwunden war, in die südliche Hälfte Vietnams eingeschleust, wo sie unter dem Namen Vietkong den Kampf für die sogenannte „Volksbefreiung" eröffneten.

Die südvietnamesischen Streitkräfte bestanden damals zum Großteil aus Kolonial-Hilfstruppen und waren den Truppen Hanois auch in bezug auf Ideologie, Fanatismus und Disziplin entschieden unterlegen und für den Infiltrations- und Guerillakrieg weder ausgebildet noch ausgerüstet.

Das Land war vom Krieg erschöpft und zerstört. Von den 20 000 km Straßen, um nur ein Beispiel zu bringen, waren die meisten für den motorisierten Verkehr sowie für den militärischen Bedarf unbrauchbar. Allein entlang der Nationalstraße 1 hätten 240 Brücken mit einer Gesamtlänge von 11 295 m errichtet werden müssen, um sie wenigstens notdürftig befahren zu können. Die südvietnamesische Regierung konnte, in Anbetracht des herrschenden wirtschaftlichen Tiefstandes, kaum ihre Grenzen vor der Infiltration der Partisanen aus dem Norden schützen. Dem Vietkong hingegen kamen diese anfänglichen Schwierigkeiten Südvietnams äußerst gelegen. Er baute geradezu ungestört eine vortrefflich funktionierende Organisation auf, die sich auf Nordvietnam und auf eine Nachschubroute stützen konnte, die durch das vom kommunistischen Pathet Lao beherrschte östliche Laos verlief. Sein erstes Ziel war die völlige Besetzung der durchschnittlich 1 600 - 2 000 m hohen, bewaldeten und nur schwer zugänglichen Gebirgslandschaft der Annamiten im Norden Südvietnams, die er zur Schlüsselstellung des Partisanenkrieges auserwählte.

Noch bevor der bewaffnete Kampf des Vietkong einsetzte, unterzog man die Partisanen einer gründlichen politischen

Schulung für Propagandatätigkeit. Treffend nannte man diese ersten Vietkongeinheiten „Gruppen für die bewaffnete Propaganda". Mit ihrer politischen Aktivität wollte man das Vertrauen der Bevölkerung gewinnen, die Moral festigen und das Bewußtsein über die Macht des Volkes und der Volksarmee wecken. Die politische Aufklärung stand stets im Vordergrund und an erster Stelle, erst dann folgte der militärische Einsatz. Auch bei der Bevölkerung wurde fortlaufend politische Aufklärungsarbeit betrieben. Wer sich der kommunistischen Propaganda verschloß, wurde verfolgt. Viele Bewohner wurden in die Reihen der Vietkongs gezwungen, viele verschleppt oder eingeschüchtert. Gnadenlos gingen die Partisanen gegen Bürgermeister und Regierungsbeamte vor, die sie entweder verschleppten oder töteten.

Bei den Streitkräften wirkten in allen Kommandostellen der Einheiten und Verbände politische Kader. Die Führung der Vietkongeinheiten fußte auf einem Zweikommandanten-System, das heißt, es gab einen militärischen und einen politischen Kommandanten. Nach Meinung der Vietkongführung ist eine solche Doppelgleisigkeit dort möglich, wo die politischen und militärischen Ziele identisch, integriert und aufeinander abgestimmt sind.

Die junge Armee Südvietnams war außer Stande, mit dem stärker werdenden Vietkong, der immer häufiger durch Sabotage und kurze Angriffe gegen Regierungstruppen auftrat, fertig zu werden. Sie hoffte, durch Heranziehung von amerikanischen Militärberatern den Aktivitäten des Vietkong ein Ende bereiten zu können. Daß dem nicht so war, zeigt die steigende Zahl der Berater: waren es 1956 noch 35, betrug ihre Stärke 1963 bereits 16 700 Mann. Als auch die Hilfe der Berater zu keinem positiven Ergebnis führte, schaltete sich die amerikanische Armee ein. Mit Ankunft der ersten US-Truppen im Jahr 1964 kann man wohl von einer Zäsur im Vietnamkrieg sprechen: einerseits wurde der Vietkong mit einer höchsttechnisierten Armee konfrontiert, und andererseits war es ihm bis zu diesem Zeitpunkt - von 1954 bis 1964 - gelungen, eine rückwärtige Basis zu schaffen, von der aus er große Teile Südvietnams beherrschte. Seine Streitkräfte erreichten einen Stärkegrad, der jedem Angriff der Regierungstruppen trotzen konnte. Der Vietkong verfügte über Ortseinheiten (Ortsmiliz, Partisanen und vietkongtreue Ortsbewohner), über Territorialeinheiten (Kompanien, Abteilungen, Bataillone) und auch schon über operative (reguläre) Einheiten (Bataillone, Regimenter), bei denen man allerdings nie genau wußte, ob es sich um Vietkong- oder reguläre nordvietnamesische Einheiten handelte.

Die Ortseinheiten oder lokalen Guerillakräfte setzten sich aus Männern zusammen, die ihrem Beruf nachgingen und erst bei Herannahen des Feindes zu Kriegern wurden. In ihren Aufgabenbereich fielen: die Verteidigung des Ortes, die Blockierung und Einkreisung des Gegners in kleineren Stützpunkten, die politische und propagandistische Einflußnahme und die Durchführung der von eigenen Behörden gestellten Aufgaben. Für die passive Verteidigung verwandelten sie fast durchweg ihre Ortschaften - durch den Bau von kilometerlangen unterirdischen Gängen, durch Verminungen und Errichtung von Sperren - zu regelrechten Widerstandsdörfern. Der Angriff gegen solche Dörfer war meist verlustreich und erfolglos. Die Wirkung von Granatwerfern, leichter Artillerie oder von aus Hubschraubern abgeschossenen Artillerie-Raketen gegen Bunkerstellungen und Tunnelgänge war zu gering. Man brauchte neben Panzern oder Schützenpanzern sowie Pionieren auch schwere Artillerie und Flugzeuge mit schweren Bomben. Es ist verständlich, wenn amerikanische Offiziere immer wieder betonten, daß für die Bekämpfung eines Vietkong-Dorfes eine ganze Kompanie erforderlich sei.

Die Regionaleinheiten wurden, als Territorialkomponente der Ortseinheiten, auf einem breiteren, etwa unserem Bezirk oder Kreis entsprechenden Gebiet, gegen hier operierende feindliche Kräfte, gegen marschierende Kolonnen und Stützpunkte des Gegners eingesetzt.

Die regulären d. h. operativen Einheiten entwickelten sich stufenweise zu gut organisierten und ausgebildeten militärischen Formationen. Sie waren nach dem Dreiersystem aufgebaut. Drei „Dreier" und ein Kommandant bildeten eine Gruppe (zehn Kämpfer). Drei Gruppen und ein Kommandant einen Zug (31 Mann). Drei Züge mit Unterstützungseinheiten eine Kompanie und so weiter bis zum Bataillon, Regiment und zur Division. Es sei vermerkt, daß sich, insbesondere im Anfangsstadium des Krieges, Formationen selbständiger Bataillone gut bewährt haben. Die Kampfbedingungen erlaubten dem Vietkong nur kleine und selbständige Formationen. Erfolgreiche Einsätze größerer operativer Gruppierungen waren infolge der amerikanischen Luftüberlegenheit und der besonderen Beweglichkeit des US-Heeres undenkbar.

Der Vietkong hielt sich im allgemeinen an folgende operativ-strategische Prinzipien:

a) Beherrschung des strategischen Raumes des Annamitengebirges. Über dieses Gebiet konnten Verlegungen starker Partisanenkräfte durchgeführt werden, aus diesem Raum erfolgten Angriffe gegen das Mekongtal sowie die Ergänzung und Versorgung der Vietkongeinheiten;

b) Bestmögliche Schonung des menschlichen Lebens durch Zurückweichen vor stärkeren feindlichen Kräften und vor Zugriff der Luftstreitkräfte, Einschränkung der Bewegungen bei Tageslicht, Verhinderung einer Einkreisung eigener Kräfte, Durchführung rascher Manöver, optimaler Sperren und Tarnungen;

c) Massenhafter Einsatz von Artillerie und Granatwerfern, die als Träger der sogenannten „Taktik auf Distanz" galten;

d) Vorzug von Einsätzen bei Nacht und bei meteorologisch ungünstigen Bedingungen. Nachteinsätze wurden vornehmlich während des Monsunregens und anderen schlechten Wetterverhältnissen durchgeführt. Mit den Nachtangriffen wollte man einen psychologischen Druck auf die amerikanischen und südvietnamesischen Regierungstruppen ausüben und das Gefühl der Unsicherheit hervorrufen;

e) Übliche Angriffsziele waren amerikanische Basen und Flugplätze, wo, infolge hoher Konzentrierung von Menschen und Material, die größten Effekte erzielt werden konnten. Man wählte diese Ziele vor allem deshalb, um den Gegner aus dem Stützpunkt oder aus der Befestigung herauszulocken und zum Kampf im gebirgigen Gelände oder im Dschungel zu zwingen;

f) Meiden von langandauernden Kämpfen mit stärkeren feindlichen Kräften, wenn das Gefecht aus der gegebenen Situation nicht erfolgversprechend aussah. Im Falle einer Einkreisung nahmen schwächere Kräfte des Vietkong den Kampf auf, während sich die Hauptkräfte, in Zusammenarbeit mit jenen außerhalb des Kessels, aus der Umklammerung zu lösen versuchten;

g) Mit schnellen Bewegungen aus einer geöffneten Ordnung konvergent einem bestimmten Ziel zustreben und anschließend den Feind angreifen und vernichten, ganz nach dem alten Prinzip: getrennt marschieren, vereint schlagen.

Während die amerikanische Strategie, mit Ausnahme der Bombenangriffe, defensiv ausgerichtet war, dominierte beim Vietkong die Angriffsoperation. Dabei kam der „Taktik auf Distanz" besondere Bedeutung zu. Hier die wesentlichen Züge dieser taktischen Art:

— starkes Artilleriefeuer, vor allem mit Raketen und Granatwerfern in den Morgenstunden oder in der Abenddämmerung
— Energische Einbrüche der Infanterieeinheiten, die zum Nahkampf führten
— Hinterhalte gegen Interventionen von außen.

Der Vietkong zwang auf diese Weise seinen Gegner in die Defensive und zugleich zur Aufsplitterung seiner Kräfte und riß damit die Initiative an sich. Der Kampf aus der Distanz hat viel dazu beigetragen, daß sich die Amerikaner immer mehr an ihre Basen, die in ganz Südvietnam zerstreut waren, zurückziehen und für deren Schutz beinahe zwei Drittel ihres Kräftepotentials einsetzen mußten. Es ist daher verständlich, daß die amerikanischen Kommandanten immer wieder nach Entsendung weiterer Kräfte verlangten mit der Begründung, es stünden ihnen unter den Bedingungen eines solchen „irregulären Krieges nicht genügend Kräfte zur Verfügung, um die Kommunisten verfolgen zu können". Dem Vietkong war es gelungen, das klassische Kriegsbild durch das neue taktische Vorgehen zu verändern. So sehr man glaubte, Flugplätze, die Kriegstechnik, Treibstoff- und Munitionslager seien die Hauptangriffsobjekte des Vietkong, so konnte auf Grund von Unterlagen über die Einsatzergebnisse der Partisanen erwiesen werden, daß sich die Angriffe primär gegen das Menschenleben, gegen die Streitkräfte richteten. Die Amerikaner hatten in Vietnam weitaus höhere Verluste als in irgendeinem früheren Krieg.
Das amerikanische Engagement in Vietnam erfolgte zu einem Zeitpunkt, als sich die USA im Übergangsstadium von der Strategie der nuklearen Vergeltung zur neuen Strategie der „flexiblen Antwort" oder der „angemessenen Reaktion" befanden. Die Streitkräfte waren für die Erfordernisse eines nuklearen Krieges konzipiert. Mit dem Eintritt in den Vietnamkrieg standen die USA vor neuen militärstrategischen Unbekannten; sie wurden mit der Partisanenkriegführung konfrontiert, auf die weder ihre Wehrkonzeption noch Wehrorganisation sofort und vollständig eine Antwort wußten.
Nachdem die vorangegangene Konzeption der Jahre 1960-1964, die eine Isolierung der südvietnamesischen Bevölkerung von den Vietkongkräften durch die Hilfe amerikanischer Militärberater vorsah, zu keinem Erfolg führte, entschied sich die US-Armee für eine Isolierung des Vietkong

von Nordvietnam. Gegen Nordvietnam eröffnete sie den Luftkrieg und führte mit der Kriegsmarine eine teilweise Seeblockade durch. Den Vietkong bekämpfte sie mit der Strategie „suche und vernichte", d. h., die Partisanen sollten jeweils auf einen engen Raum zusammengetrieben und zu einem frontalen Krieg gezwungen werden. Entlang der südvietnamesischen Grenze wurde schließlich eine ganze Reihe von Stützpunkten gegen die Infiltration aus Laos und Kambodscha errichtet.

Die Amerikaner schätzten die Notwendigkeit dieser Maßnahmen richtig ein. Falsch eingeschätzt hatten sie allerdings das Operationsgebiet, auf welches die Partisanen ihren Schwerpunkt legten. Waren nämlich in den ersten Jahren die Annamiten, das Zentrale Hochland und bestimmte Grenzgebiete gegen Laos und Kambodscha natürliche Stützen der Partisanenkräfte, wo sie ein verhältnismäßig homogenes freies Territorium errichten konnten, so ging die strategische Bedeutung dieser Gebiete aus demographischen und wirtschaftlichen Gründen im späteren Abschnitt des Krieges weitgehend zurück.

Der Schwerpunkt des Aufstandes lag nun im Süden, wo sich die Menschenmassen, das Gros der vietnamesischen Dörfer, die Kornkammer Vietnams, befand, in der Mekongebene, im Großraum von Saigon und Cochinchina. Die Bewegung entwickelte sich, wie der Präsident der Befreiungsfront Nguyen Gu Ho sagte, „vom Süden nach dem Norden und nicht umgekehrt". Hier lag die Wurzel des strategischen Irrtums der USA, die ihre Kräfte zu Beginn ihres Engagements im Norden konzentrierte. Bis Ende 1966 gab es z. B. im Mekongdelta nur südvietnamesische Truppen. Die falsche strategische Einschätzung und die daher anfängliche falsche Dislozierung der Kräfte konnte später - durch den bedeutenden Zeitverlust - nur schwer wieder gut gemacht werden. Westmoreland, der damalige Oberbefehlshaber der amerikanischen Streitkräfte in Südvietnam, bekennt heute selber, daß der Krieg in Vietnam „tatsächlich eine neue Art des Krieges" war, „wir kämpften seit den anfänglichen Scharmützeln mit den Indianern erstmals wieder gegen einen unorthodoxen Gegner" und „wir kämpften in sehr schwierigem Gelände, das die feindlichen Guerillas begünstigte".

Mit steigender Zahl der amerikanischen Truppen, mit ihrer allmählichen Umstellung in Ausbildung und Taktik auf die Guerillabekämpfung, gelang es der US-Armee bereits bis 1967 alle Straßen freizukämpfen, so daß der Vietkong seine freien Zonen laufend aufgeben bzw. wechseln mußte. Um dem bedrohlichen amerikanischen Druck entgegenzuwirken, setzte die Propagandamaschinerie des Weltkommunismus gegen die „imperialistischen Ambitionen" Amerikas, gegen die „Neuerrichtung einer Kolonie Vietnam", gegen die „unmenschlichen, barbarischen Bombardierungen" der US-Streitkräfte usw. ein. In den USA selbst prangerte man den Krieg als irrsinnig teuer und sinnlos an. Aufmärsche und Demonstrationen setzten auf Knopfdruck der kommunistischen Hauptmetropolen in aller Welt ein. Amerika sollte vor der Welt und vor dem eigenen Volk diskriminiert und handlungsunfähig gemacht werden. Eine Unruhe ergriff die amerikanische Nation, die um ihre Söhne bangte.

Die Kommunisten erkannten die Wirkung und den Erfolg ihres Propagandafeldzuges. Es bedurfte nur noch eines Feldzuges auf dem Schlachtfeld, um die Früchte dieser Politik ernten zu können. Dieser Feldzug, d. h. der Übergang von der Partisanenkriegführung zum beweglichen Krieg war fällig, denn - nach Mao und Giap - ist der Guerillakrieg als isolierte Kampfform zum Scheitern verurteilt. Mit Beginn der Tet-Offensive Ende Januar 1968, deren Umfang die amerikanischen Streitkräfte überraschte, setzten die Kommunisten erstmalig auf breiter Basis operative Einheiten in kombinierter Kampfform mit Partisanen- und Territorialtruppen nicht nur gegen Stützpunkte und Versorgungsbasen der Amerikaner, sondern auch gegen die Städte ein. Es traten zu diesem Zeitpunkt auf dem Kriegsschauplatz auch die ersten nordvietnamesischen Regimenter und Divisionen auf, zum Beispiel bei der Belagerung von Khe Sanh, die bis zum Waffenstillstand 1973 und in der Folge bis zum Zusammenbruch Südvietnams 1975 hier Stellung bezogen hatten und deren Präsenz Hanoi bis zum Kriegsende leugnete.

Die Tet-Offensive endete mit einer eindeutigen militärischen Niederlage der Kommunisten, wirkte sich aber psychologisch schockartig und absolut negativ auf die Bevölkerung Amerikas aus. Die Folgen sind uns bekannt: Einschränkung des Luftkrieges gegen Nordvietnam, Beginn der Vorgespräche zu Friedensverhandlungen in Paris und, ein Jahr später, erste Rückverlegungen von militärischen Einheiten in die Vereinigten Staaten. Der Krieg sollte allmählich vietnamisiert werden.

Seit der Tet-Offensive kann man eigentlich nicht mehr von einem reinen Partisanenkrieg sprechen. Reguläre nordvietnamesische Truppen kämpften entweder im Lande gemeinsam mit dem Vietkong oder standen Gewehr bei Fuß an der laotischen und kambodschanischen Grenze. Die kommunistischen Kräfte konnten bald nach Einstellung der Bombenangriffe gegen Nordvietnam aufgefüllt und ihre Nachschubtätigkeit auf dem Ho-Chi-Minh-Pfad wieder voll in Gang bringen. Versuche der Amerikaner und Südvietnamesen, die Nachschubwege der Kommunisten im Grenzgebiet von Kambodscha im April 1970 zu stören, endeten ebenso erfolglos, wie der Vorstoß von Regierungstruppen im März 1971 bis Tschepone in Laos. In beiden Fällen galt für die Nordvietnamesen Maos Grundsatz: Das eigene Hinterland unter allen Umständen zu schützen und zu verteidigen, jenes des Feindes jedoch zu zerstören.

Als das US-Heer das Gros seiner Truppen bis 1972 aus Vietnam zurückgezogen hatte, entschloß sich Hanoi zu einem neuen Großangriff gegen die Regierungstruppen des Südens. Der militärische Erfolg blieb Hanoi auch in der Osteroffensive versagt. Seine Divisionen rannten vergeblich gegen die nun schon gut ausgerüsteten Südvietnamesen und zerbrachen im Bombenhagel der amerikanischen B-52-Bomber. Dieselben Bomber kamen in den darauffolgenden letzten Monaten des Krieges noch einige Male zum vollen Einsatz und bombardierten solange Nordvietnam, bis es sich zur Feuereinstellung bereit erklären sollte.

Mit Abschluß des Waffenstillstandes am 27. Januar 1973 war der Krieg für die Amerikaner zu Ende gegangen. Der Vietkonggeneral Van Tsa, der sieben Jahre lang im Raum von Saigon Truppenführer war, bezeichnete seine amerikanischen Gegner als mutige Kämpfer, die ihre überlegene Ausrüstung gut einzusetzen gewußt hätten. Er meinte jedoch, den Amerikanern habe „ein Ideal für den Kampf" gefehlt, eine „psychologische Waffe", die der Vietkong im Übermaß besäße.

Diese Aussage führt uns zu jenem Punkt, an dem wir uns fragen müssen, welche Gründe es nun wirklich waren, die den Amerikanern und deren Verbündeten den Weg zum Sieg versperrten?

Die kommunistische Seite behauptet, das Fiasko der USA wäre am entschlossenen Willen des vietnamesischen Volkes gescheitert, welches - ganz nach Mao - mit dem Vietkong wie der „Fisch" mit dem „Wasser" verbunden sei. Die Behauptung stimmt zum Teil. Die aus dem Norden eingeschleusten Partisanen vermochten viele Südvietnamesen in ihre Reihen einzugliedern, entweder auf freiwilliger Basis oder zwangsweise. Ebenso fanden sie viele Angehörige der südvietnamesischen Armee, die mit dem Vietkong sympathisierten und ihm aus dem Armeebereich wertvolle Nachrichten übermittelten. Die Masse des Volkes jedoch scheint weitaus weniger mit den Guerillas verbunden gewesen zu sein als während des Indochinakrieges. Das bestätigen vor allem die Tet- und Osteroffensive sowie die Wochen vor dem Zusammenbruch, als Hanoi große Hoffnungen in einen allgemeinen Volksaufstand legte, der nirgends stattfand. Im Gegenteil, die Masse der Bevölkerung verließ fluchtartig ihre Heimatorte und suchte bei den Verbündeten Schutz vor den herannahenden Kommunisten. Die kommunistische Behauptung, der amerikanische Soldat hätte kein psychologisches Rüstzeug besessen, könnte zumindest für das spätere Stadium des Krieges stimmen. Obwohl er hinsichtlich Verpflegung, Bekleidung und Unterhaltung denkbar bestens versorgt war, wirkte auf ihn die Länge des Krieges - ganz nach der Absicht Giaps - verderblich. „Der Hader in der Heimat", sagt Westmoreland, „die Demonstrationen an den Universitäten, das Gefühl des Soldaten, von der Heimat nicht mehr geschlossen unterstützt zu werden, alles das hatte einen demoralisierenden Effekt, und eine Zeitlang wirkte es sich auch auf die Disziplin einiger Einheiten aus." Das Hinterland der amerikanischen Truppen, das innerpolitische Leben der Vereinigten Staaten wurde durch die geschickte psychologische Kriegführung der Kommunisten zersetzt. Die amerikanische Öffentlichkeit zeigte immer weniger Verständnis für einen weiteren Verbleib von US-Truppen in Vietnam, was letztlich dazu führte, daß das eigene Volk dem eigenen Soldaten in den Rücken fiel. Die Zersetzung erstreckte sich bis in die Kreise der Politiker im Repräsentantenhaus und im Senat, die, durch öftere Wahlen bedingt, um die Gunst der Wähler buhlend, jene Politik im Vietnamkrieg wählen mußten, die ihnen sozusagen von der Öffentlichkeit diktiert wurde und keinesfalls mit den strategischen Vorstellungen der Armee im Einklang standen. Die Streitkräfte durften weder die laotische noch die kambodschanische Grenze überschreiten, der Luftkrieg gegen Nordvietnam wurde abwechselnd aufgenommen, dann wieder - je nach dem Stand der Verhandlungen mit Hanoi - eingestellt; mit einem Wort, die Armee konnte ihre Macht nicht voll gegen Nordvietnam, die rückwärtige Basis des Vietkong, einsetzen. Und solange diese intakt blieb, oder zumindest nicht ausgeschaltet wurde, konnte der Gegner höchstens im Operationsraum bekämpft, militärisch jedoch nicht besiegt werden. Dies vermochten die Franzosen nicht gegen den Viet Minh, das brachten die Amerikaner nicht gegen den Vietkong zuwege und die auf sich gestellten Südvietnamesen vor dem Zusammenbruch schon gar nicht. Benützte der Viet Minh zuerst die Sowjetunion, dann China als Hinterland, so diente dem Vietkong Nordvietnam bzw. die östlichen Teile von Laos und Kambodscha als Versorgungsbasis.

Man sprach während des Vietnamkrieges oft von der Dominotheorie, die besagt, daß der Fall eines Staates unter kommunistische Herrschaft, den Fall des nächsten bewirken würde. Diese Theorie wurde bestätigt: Nach China fiel

Nordvietnam, dann Südvietnam, dann Kambodscha und zuletzt Laos. Kambodscha und das ehemalige Südvietnam bilden nun ein Hinterland, eine feste Basis für die Guerillas des nächsten „Volksbefreiungskrieges". Wo wird dieser stattfinden? In Thailand, Malaysia oder Burma?

Literaturnachweis:
Zahlreiche Publikationen der Bibliographie „Der Krieg in Vietnam" von Legler-Hubinek und Legler-Bauer, erschienen in den Schriften der Bibliothek für Zeitgeschichte Heft 8, 11 und 13 sowie in den noch im Druck befindlichen nächsten zwei Heften.

Guerilla und Terrorismus der Gegenwart: Lateinamerika, Nahost und Nordirland

Fritz René Allemann wurde 1910 in Basel
geboren, studierte dort und in Berlin u. a.
Geschichte, Nationalökonomie, Soziologie
und politische Wissenschaft. Seit seinem
18. Lebensjahr ist er als Journalist tätig.
1934-36 verbrachte er zwei Jahre in Brasilien,
Argentinien, Chile und Paraguay. Seit 1942
Korrespondent und Redakteur der Zürcher
Tageszeitung „Die Tat" in London, Paris,
Zürich, Bonn und Berlin. 1960-64
Mitherausgeber der Zeitschrift „Der Monat".
Leitartikler der „Weltwoche" (Zürich) bis
Herbst 1970.
1971 Gastprofessur für jüngste deutsche
Geschichte in Iowa City/USA, daran
anschließend siebenmonatige Autofahrt
durch Mexiko, Mittel- und Südamerika:
Kolumbien, Ecuador, Peru, Bolivien und
Chile. Weitere Reisen nach Lateinamerika
1973 und 1974.

Fritz René Allemann

Stadtguerilla in Lateinamerika – Modell für Europas Extremisten

Seit der Journalist Peter Alemann aus Buenos Aires das Schlagwort von der drohenden oder gar schon im Gang befindlichen „Lateinamerikanisierung Europas" in die Welt gesetzt hat, geht dieser Slogan auch unter akademischen Politologen und Soziologen um. In der Tat lassen sich gewisse Parallelen zu Erscheinungen, die wir früher als „typisch lateinamerikanisch" empfunden haben, in manchen Bereichen der europäischen Gesellschaft aufweisen. So haben etwa, lange vor der alten Welt, im Südteil der neuen hochpolitisierte Studentenschaften in Opposition zum „Establishment" ihre Mitbestimmung im akademischen Leben durchgesetzt und die Universitäten zu einem autonomen „Freiraum" auszugestalten versucht: Die Reformbewegung, die 1918 von der argentinischen Inlandsmetropole Cordoba ausging und sich über den ganzen Halbkontinent ausbreitete, wirkt wie eine Vorwegnahme der nordamerikanischen und vor allem der europäischen Studentenbewegungen in der zweiten Hälfte der sechziger Jahre. Und wenn sich vor ein paar Jahrzehnten etwa lateinamerikanische Caudillos und Diktatoren das faschistische Kostüm aus Europa ausborgten, so sind wir in unseren Tagen Zeugen eines umgekehrten Vorgangs geworden: Mit dem Zusammenbruch des autoritären salazaristischen Systems in Portugal ist erstmals in unseren Breiten das Militär als Träger eines sozialrevolutionären „Populismus" aufgetreten, der einen guten Teil seiner Inspiration aus dem „peruanischen Modell" eines radikal-revolutionären Offiziersregimes bezieht oder doch bis vor kurzem bezog. Nun kann man gewiß argumentieren, daß solche Erscheinungen weder auf das lateinamerikanische Vorbild zurückzugehen brauchen – das gilt etwa für die Studentenbewegung, die sich aus ganz anderen Quellen nährte –

noch unbedingt für unsern Erdteil typisch seien (Portugal steht Lateinamerika in seiner wirtschaftlichen und gesellschaftlichen Struktur zweifellos ungleich näher als den hochentwickelten mitteleuropäischen Ländern). Tatsächlich liegt im Begriff der „Lateinamerikanisierung" das Gewicht auch gar nicht auf den direkten Einflüssen, die von jenseits des Südatlantik ausstrahlen. Peter Alemann will wohl mehr auf die ominöse Tendenz hinweisen, die mit einem anderen verbreiteten Schlagwort — von der Gefahr der „Unregierbarkeit" — anvisiert wird. Dieses Phänomen kann aus ganz verschiedenen Wurzeln erwachsen: In Lateinamerika aus dem Mangel an festgefügten nationalen Strukturen, in Europa eher aus dem inneren Erlahmen einer allzusehr zur Selbstverständlichkeit gewordenen Ordnung — im einen Fall aus einer nie gelösten Aufgabe der Integration, im andern eher aus einer Auflösung traditioneller Bindekräfte.

Diese wenigen Bemerkungen sollen gewissermaßen nur, in einer notwendigerweise summarischen und abstrakten Form, den breiteren Hintergrund wenigstens andeuten, vor dem das spezielle Problem der folgenden Ausführungen gesehen werden muß. Das Problem der lateinamerikanischen Stadt-Guerilla und der Anstöße, die von ihr auf ähnliche Versuche des revolutionären Aktivismus in Europa ausgegangen sind. Auf keinem anderen Felde sind lateinamerikanische Vorbilder bei uns so bewußt und systematisch aufgegriffen und direkt kopiert worden wie auf diesem. Schon deshalb dürfte es sich lohnen, diese Modelle genauer in Augenschein zu nehmen und danach zu fragen, worin eigentlich die Kraft der Faszination beruht, die sie ausüben. Dabei muß zur Vermeidung von Mißverständnissen gleich betont werden, daß auch andere Impulse auf die Versuche zur Entwicklung europäischer Stadt-Guerillas eingewirkt haben: Die Beziehungen etwa zwischen der Baader-Meinhof-Bande und der sogenannten palästinensischen Befreiungsbewegung waren zum mindesten in organisatorischer Hinsicht ungleich enger als die nach Argentinien oder Uruguay oder auch Kuba; und ähnliche Querverbindungen in den Nahen Osten — in diesem Fall zu Libyen — scheinen auch der politisch ungleich bedeutenderen IRA-Kampagne in Ulster zugutegekommen zu sein. Aber so eng sich diese Kontakte auch gestalten mochten — die Einflüsse aus Lateinamerika waren doch ungleich stärker. Schon der Begriff der Stadt-Guerillas ist bezeichnenderweise lateinamerikanischen Ursprungs. Wichtiger noch scheint, daß die Ideologie der europäischen Verfechter dieser Kampfesweise wie ihre Methodik unmittelbar aus den Theorien etwa des Brasilianers Carlos Marighella und den Erfahrungen der uruguayischen Tupamaros abgeleitet ist: Nicht nur war die islamisch geprägte Mentalität der arabischen Freischärler den Sympathisanten aus Europa zu fremd, um einen entscheidenden Einfluß auf sie zu gewinnen; auch ihre strategische und taktische Situation ist zu verschieden von der der europäischen Möchtegern-Revolutionäre, als daß sie als Lehrmeister in Frage gekommen wären. Die Fedayin haben einen großen Teil der arabischen Welt hinter sich, operieren gegen einen volksfremden Gegner - Israel - von befreundetem Territorium aus, als Vorhut und Speerspitze einer breiten nationalen Bewegung — lauter Voraussetzungen, die jedenfalls in Mitteleuropa nirgends vorhanden sind. So konnte man hierzulande von ihnen wohl Waffen und Ausrüstungen übernehmen, äußerstenfalls Anregungen für die eine oder andere taktische Aktionsweise, aber keine wahrhaft operativen Lehren. Diese jedoch lieferten die linksradikalen Insurgenten, die mit den Mitteln der Stadt-Guerilla in Brasilien, Uruguay, Argentinien oder Guatemala das zu erreichen suchten, was Ernesto Ché Guevara mit der Methode ländlicher Partisanen-Erhebungen und Aufstandsherde umsonst zu erreichen versucht hatte: die totale gesellschaftliche Umwälzung. Gewiß hatten auch schon die Land-Guerillas Lateinamerikas ein hohes Maß an Aufmerksamkeit bei der jungen intellektuellen Linken Europas erweckt: zumal Guevara wurde neben dem Vietnamesen Ho Chi Minh von ihr als eine Art Schutzpatron verehrt. Aber das gehörte doch alles in allem wesentlich in den Bereich revolutionärer Exotik und Romantik: nennenswerte praktische Anregungen konnten jene Europäer, die von einem Umsturz der bestehenden Ordnung träumten, weder aus dem erfolgreichen Feldzug Fidel Castros auf Kuba noch gar aus den nach kubanischem Beispiel errichteten ruralen Aufstandsherden in Venezuela, Kolumbien, Guatemala, Peru oder Bolivien beziehen. Das wurde erst anders, als gewisse revolutionäre Formationen der Neuen Welt aus dem durchgängigen Scheitern der sogenannten Foco-Strategie auf dem amerikanischen Kontinent den Schluß zogen, ihre Operationen nicht mehr von abgelegenen und schwer zugänglichen Hinterlands-Gebieten aus in Gang zu setzen, sondern zunächst die herrschenden Regime im Zentrum ihrer Macht zu attackieren: in den Großstädten nämlich.

Die lateinamerikanische Landguerilla, in erster Linie aus der kubanischen Erfahrung entsprungen und aus dieser Erfahrung als eine neue Technik der Machteroberung abgeleitet, war von der These Guevaras in seinem Handbuch des Kleinkriegs von 1960 ausgegangen, wonach in den unterentwickelten Teilen der westlichen Hemisphäre grundsätzlich die ländlichen Gebiete den Schauplatz des bewaffneten Kampfes abgeben müßten. Aber schon das hatte eine etwas einseitige Interpretation der kubanischen Kampagne Fidel Castros dargestellt: weder war die Landbevölkerung in allen kubanischen Gebieten den Aufständischen so eindeutig gewogen gewesen wie in ihrer ursprünglichen Basis auf dem Bergmassiv der Sierra Maestra, noch spielte die städtische Widerstandsbewegung gegen Batista eine so geringfügige oder doch zweitrangige Rolle, wie das Guevara darstellte; und vollends darf nicht übersehen werden, daß sich sowohl das Führungskorps der selbststilisierten „Rebellenarmee" Castros als auch die eigentlich kämpfende Truppe in erster Linie nicht aus Campesinos, sondern aus Städtern überwiegend intellektuellen Ursprungs zusammensetzte. Erst recht die spätere Systematisierung und Radikalisierung der Thesen Guevaras durch seinen französischen Verehrer Régis Debray (in dessen Schrift „Revolution in der Revolution?") reflektierte und vertiefte ein nachträglich produziertes Mißverständnis des kubanischen Revolutionsprozesses, indem Debray die städtische Insurgenz als Brutstätte von Reformismus, Opportunismus und allen anderen „Verbürgerlichungs"-Tendenzen darstellte, während der ländliche Foco den Kämpfer — auch den bürgerlicher Herkunft — „proletarisiere" und damit erst zum kompromißlosen Revolutionär werden läßt. Dergleichen Theorien konnten zwar gläubige Nachbeter in Europa finden. An ein Nachahmen der Praxis aber, die sie angeblich widerspiegelten, war in hochentwickelten industriellen Gesellschaften überhaupt nicht zu denken. Denn selbst wenn die Foco-Konzeption realistischer gewesen wäre, d. h. der lateinamerikanischen Wirklichkeit mehr entsprochen hätte als das tatsächlich der Fall war, ließ sich doch gar nicht übersehen, daß sie ihrem Wesen nach an die Existenz extremer zivilisatorischer Rückständigkeit gebunden war. Sie setzte ein Operationsgebiet ohne durchgreifende Verkehrserschließung voraus, weltabgeschiedene Berg- und Dschungelgebiete, aber auch eine vom Staat kaum erfaßte oder auch nur erfaßbare Landbevölkerung, die außerhalb der modernen wirtschaftlichen Zusammenhänge steht. Das heißt: sie war — nicht anders als die in China von Mao und in Vietnam von Ho Chi Minh bzw. Giap entwickelte Strategie — von vornherein auf eine Gesellschaft von eben jener Unterentwicklung und (mindestens relativen) Primitivität zugeschnitten, deren Überwindung sie sich zum Ziele setzte.

Auf die Gründe, warum die so entworfene Konzeption der Landguerilla auch in Lateinamerika — anders als im Fernen Osten — trotzdem Schiffbruch erlitten hat, soll hier nicht eingegangen werden. Nur soviel sei gesagt: auf eine einfache Formel gebracht, stellte es sich heraus, daß sie wohl den geographischen Bedingungen des Milieus, deswegen aber noch nicht den sozialen und vor allem sozialpsychologischen Verhältnissen der kreolischen Gesellschaft angemessen war. Tatsache aber ist, daß nach einer langen Reihe von Rückschlägen und Niederlagen für die ruralen Aufstandsherde und vor allem nach dem katastrophalen Scheitern Guevaras in Bolivien, das er mit seinem Tode bezahlen mußte, verschiedene lateinamerikanische Insurgentengruppen zum Schluß gelangten, das kubanische Modell müsse offenbar neu durchgedacht und abgewandelt werden, wenn der bewaffnete Kampf in ihren Ländern mit mehr Aussicht auf Erfolg geführt werden sollte. Es ist kein Zufall, wenn die Notwendigkeit zu einer solchen Revision der strategischen Linie Guevara-Debray zuerst und am stärksten von Extremisten in den wirtschaftlich und gesellschaftlich am weitesten entwickelten – oder doch teil-entwickelten Staaten des Erdteils empfunden wurde: in Brasilien, Uruguay und Argentinien. Auf den ersten Blick könnte es allerdings so aussehen, als biete jedenfalls das brasilianische Riesenreich mit seinen immensen Urwaldgebieten, der Weite seines Raumes und den ausgedehnten vom modernen Verkehr unberührten Zonen seines Hinterlandes geradezu ideale Bedingungen für die Entfaltung ländlicher Aufstandsherde. Dieser Ansicht war zunächst auch der Mann, der wenig später zum maßgebenden Theoretiker und taktischen Lehrmeister aller Stadt-Guerillas in Lateinamerika und darüber hinaus werden sollte: der dissidente Kommunist Carlos Marighella.

Was ihn dazu gebracht hat, zwischen Oktober 1967 und März 1968 seine These von Grund auf zu revidieren, läßt sich im einzelnen kaum rekonstruieren. Tatsache ist jedenfalls, daß er die ursprünglich ins Auge gefaßte Reihenfolge der revolutionären Etappen resolut umkehrte. Hatte er zuvor die Revolutionäre davor gewarnt, im eigentlichen Zentrum des Landes – also im Dreieck zwischen Rio de Janeiro, Sao Paulo und Belo Horizonte – unter den Bedingungen einer „strategischen Einkreisung" durch die Staatsmacht zu kämpfen, so gelangte er nun zum Schluß, man müsse den Gegner zuerst dort angreifen, wo dieser am stärksten, aber auch am verwundbarsten sei: eben in den Großstädten. Erst wenn die Staatsmacht dort durch eine Folge harter Schläge zermürbt und demoralisiert sei, werde der richtige Moment kommen, den Kampf aufs Land hinauszutragen, die Kräfte der „Repression" – Militär und Polizei – zu zersplittern und damit die Voraussetzung für die letzte Etappe der Insurrektion zu schaffen: die Bildung eines revolutionären Volksheeres, das — wie es schon Guevara in seiner Schrift „la guerra de guerillas" vorausgesehen hatte — der offiziellen Armee in offener Feldschlacht gegenübertreten könnte. Die Priorität aber sollte nach Marighellas neuer Konzeption den „taktischen Kampfgruppen" in der Stadt zukommen. Dieser Gedanke war nicht völlig neu. Die linksradikalen Erhebungen in Venezuela gegen das gemäßigt-sozial-demokratische Regime des Präsidenten Romulo Betancourt hatten sich 1962/1963 ebenfalls vorwiegend in der Hauptstadt Caracas abgespielt, ehe das Schwergewicht des Aufstandes aufs Land hinaus verlegt wurde, und manche der Handstreiche, die damals von den sogenann-ten „unidades tacticas de combate" — also von den klei-nen urbanen Überfallkommandos — unternommen wur-den, sind später für die brasilianische Praxis und ebenso für die der Tupamaros in Uruguay vorbildlich geworden. Marighella hat sich offenbar mit diesen venezolanischen Erfahrungen eingehend beschäftigt. Aber das „mini-manual do guerillero urbano" — das „Kleine Handbuch der Stadt-Guerillero", das er im Juni 1969 einige Monate vor seinem gewaltsamen Tode schrieb, verarbeitet und systematisiert nichtsdestoweniger vor allem die praktischen Lehren des brasilianischen Kampfes selber. Es sollte offenbar nach dem Willen seines Autors das Gegenstück zu Guevaras Schrift „la guerra de guerillas" darstellen: einen taktisch-technischen Leitfaden vor dem Hintergrund einer klar um-rissenen politischen Konzeption — und die Übersetzungen dieses Lehrbuchs, die in den USA wie in vielen europäi-schen Sprachen erschienen sind, haben zweifellos einen entscheidenden Einfluß auf die Methoden etwa der Baader-Meinhof-Bande und ähnlicher Organisationen ausgeübt.

Sicher hatte sich auch Guevara bereits Gedanken über die Anwendung der Kleinkriegs-Grundsätze auf städtische Ver-hältnisse gemacht. Aber für ihn — und vollends für seinen Schüler Debray — galt es als feste Regel, daß „in urbanen Zonen eine Guerilla nie aus sich selber heraus entstehen" könne: sie konnte in seinen Augen nichts als eine Hilfs-Organisation der ländlichen Partisanen sein, die nicht unabhängig, sondern ausschließlich unter deren Befehl und im Rahmen von deren Planung zu operieren habe und im übrigen nach seiner Meinung schon dadurch in ihrer Bedeutung beeinträchtigt sei, weil sie in einem „außer-ordentlich ungünstigen Terrain" operieren müsse. Von bewaffneten Handstreichen in der Stadt hielt Guevara wenig und wollte sie nur in Ausnahmefällen zulassen; vor individuellem Terror warnte er, soweit sich dieser nicht gegen besonders repräsentative oder durch ungewöhnliche Grausamkeit hervorgetretene Repräsentanten des herr-schenden Systems wende: die Hauptaufgabe der städtischen Guerilla sollte nach seiner Ansicht, abgesehen von logistischer und nachrichtendienstlicher Unterstützung der „Focos", in aller erster Linie auf dem Felde der „organisierten Sabotage" liegen. Da er den urbanen Kampfgruppen in seinem Buch insgesamt knapp zwei Seiten widmet, läßt deutlich erkennen, welche durchaus sekundäre Rolle er ihnen zuschrieb.

Insofern bedeutete der Entschluß Marighellas, ihnen im Gegenteil die Priorität — zum mindesten die zeitliche, wenn auch nicht notwendigerweise die sachliche — einzuräumen, zweifellos eine radikale Umkehrung der bisherigen Perspektive. Und unabhängig von ihm, zu einem guten Teil sogar schon vor den Brasilianern, waren die Tupamaros in Uruguay zum gleichen Schluß gelangt: da es in ihrem durchwegs offenen Lande überhaupt keine gebirgigen oder bewaldeten Schlupfwinkel gab, wo ein Guerilla-Herd entfacht werden konnte, war selbst Fidel Castro lange der Meinung gewesen, daß der Kleinkrieg für Uruguay überhaupt nicht als Mittel der Machteroberung in Frage komme. Da die jungen uruguayischen Aktivisten diese Auffassung jedoch als defaitistisch ablehnten, blieb ihnen gar nichts anderes übrig, als ähnlich wie Marighella — zunächst freilich mehr in der Praxis als in der Theorie — die klassischen Thesen Guevaras auf den Kopf zu stellen: In Uruguay, wo mehr als 80% der Bevölkerung in städtischen Agglomerationen leben, konnte die Insurrektion, wenn man nicht auf sie verzichten wollte, überhaupt nur von der Anderthalb-Millionen-Metropole Montevideo ausgehen, wobei die Großstadt mit ihrer Unübersichtlichkeit und der Leichtigkeit des Untertauchens gleichsam als Dschungel-Gebiet begriffen wurde. In Brasilien wie in Uruguay — und ebenso in dem gleichfalls intensiv urbanisierten Argentinien — zog diese Umkehrung der Perspektive keineswegs nur technische, sondern auch politische Konsequenzen nach sich: der Wandel in den Kampfmethoden und die Verschiebung des Kampfterrains vom Lande in die Stadt veränderte notwendigerweise auch den ganzen Charakter der Auseinandersetzung. Die Guerilla Guevaras und Castros auf Kuba war insofern eine unkonventionelle, aber bei allen eigenen Regeln durchaus im Rahmen klassischer Kriegführung bleibende Strategie und Taktik gewesen, als sie sich durchaus und zentral gegen die Streitkräfte des Gegners wandte — nicht anders als das in den Befreiungskämpfen der Spanier gegen die napoleonischen Heere und der Lateinamerikaner (zuletzt der Kubaner selbst) gegen das spanische Mutterland der Fall gewesen war und ebenso in den Bürgerkriegen des 19. und 20. Jahrhunderts wie in dem brillanten Feldzug, mit dem der Freischärler und selbsternannte General Sandino um die

Wende der zwanziger Jahre die nordamerikanischen Interventionstruppen zum Rückzug aus Nicaragua gezwungen hatte — in einer Kampagne, die Guevara ausdrücklich als beispielhaft betrachtete. Gewiß spielten in diesen Kämpfen psychologische Momente eine sehr wichtige Rolle — wie ja in jeder Kriegführung. Das Ziel der Guerilla war weniger gewesen, den Gegner zu besiegen als seinen Kampfwillen zu lähmen — und der Zusammenbruch der zahlenmäßig wie an Ausrüstung weit überlegenen Armee Batistas auf Kuba angesichts der schwachen, im Augenblick der Entscheidung kaum über 1200 Mann starken Partisanenverbände bleibt das klassische Beispiel für einen solchen Auflösungsprozeß. Aber das ändert nichts daran, daß es sich auch hier um einen Krieg im herkömmlichen Sinne handelte: um die bewaffnete Konfrontation zwischen organisierten — wenn auch nach verschiedenen Prinzipien organisierten — militärischen Formationen.

Was sich nun aber als „Stadt-Guerilla" konstituierte, hatte mit dieser Struktur eines nachgerade traditionellen revolutionären Freischärlertums nur noch wenig gemein. Das Ziel war nun nicht mehr in erster Linie, die offiziellen Streitkräfte zu beunruhigen und aufzureiben, als vielmehr das ganze System, das sie verteidigten, mit allen Mitteln zu „verunsichern", und für eine kleine Gruppe von Revolutionären, die in den Zentren dieses Systems agierte, ließ sich das am leichtesten durch den Griff zu eben jener Waffe des Terrors erreichen, vor der Guevara noch nachdrücklich gewarnt hatte.

Tatsächlich hat sich zum mindesten Marighella ausdrücklich zum „revolutionären Terrorismus" als Gegenschlag gegen den Terrorismus der Diktatur bekannt, und in der Praxis haben sich auch seine lateinamerikanischen wie seine europäischen Schüler diese These zu eigen gemacht, auch wenn sie selten ehrlich genug waren, das so offen auszusprechen. Auf das Instrumentarium dieses Terrors, wie es in Brasilien, Argentinien, Uruguay und Guatemala während der letzten acht Jahre in auffällig übereinstimmender Weise entwickelt und praktiziert worden ist, braucht nicht im einzelnen eingegangen zu werden. Die Art und Weise, wie sich die Stadt-Guerilla durch Banküberfälle und ähnliche sogenannte „Expropriationen" wie durch die Entführung wohlhabender Persönlichkeiten oder wichtiger Manager und ihre Freilassung gegen Lösegeld ihre Mittel beschafft haben, ist hinlänglich bekannt; ebenso wie die Rolle der Attentate gegen einzelne Personen oder Angehörige der Streitkräfte bzw. der Polizei sowie die mehr oder weniger wahllosen Bombenanschläge, die in erster Linie ja auch den Zweck verfolgen, ein Klima allgemeiner Unsicherheit zu schaffen. Bezeichnend ist übrigens, daß sich die für geraume Zeit erfolgreichste aller latein-amerikanischen Untergrundbewegungen, die der uruguay-ischen Tupamaros, vor solchen indiskriminierten Spreng-stoffanschlägen, wie sie auch zu den klassischen Instru-menten des europäischen Anarchismus gehörten, sorgsam zurückgehalten hat — wie überhaupt die Tupamaros sich lange durch ein besonders hochentwickeltes Fingerspit-zengefühl auszeichneten und sorgfältig alles vermieden, was ihnen die Sympathien der Öffentlichkeit hätte ent-fremden können. Umgekehrt entfalteten sie eine ganz un-gewöhnlich reiche Phantasie bei der Erkundung von Mög-lichkeiten, das politische Regime Uruguays lächer-lich und die hoffnungslose Korruption der herrschenden Schicht sichtbar zu machen. Manche ihrer Handstreiche dienten überhaupt nur dem Zweck, diskriminierendes Material gegen Prominente aufzuspüren, das dann der Öffentlichkeit zugänglich gemacht werden konnte — und genau diese Enthüllungen zeitigten vielfach nachhaltigen Effekt.

Etwas ausführlicher soll aber auf die besondere Bedeu-tung eines Kampfmittels eingegangen werden, das gera-dezu zu einem konstitutiven Merkmal der sogenannten Stadt-Guerilla geworden ist: auf die stets wachsende Zahl der Geiselnahmen und die Art, wie diese ausgewertet wurden. Entführungen von Unbeteiligten hatte es schon während der Guerilla-Kampagnen auf Kuba und in Vene-zuela gelegentlich gegeben: so bemächtigte sich in Havana etwa ein Partisanen-Détachement der Person des berühm-ten argentinischen Rennfahrers Fangio, und in Caracas brachte eine Gruppe als Polizisten verkleideter Angehöri-ger einer „unidad tactica de combate" den argentinischen Fußball-Profi Alfredo di Stefano, eine andere den stellver-tretenden Leiter der US-Militärmisson, Oberst Chennault, in ihre Gewalt. Bei all diesen Vorgängen handelte es sich aber um rein propagandistische Unternehmungen: indem man die Hand an Prominente — zumal ausländische, inter-national bekannte Persönlichkeiten legte, wollte man ein-fach die Weltöffentlichkeit auf den eigenen Kampf aufmerk-sam machen und damit eine Publizität erringen, die anders nur schwer zu gewinnen war. Die gleiche Absicht lag wohl auch den ersten Flugzeug-Entführungen zugrunde. Als sich aber die Stadt-Guerilla in Brasilien, Guatemala, Uru-guay und Argentinien der gleichen Mittel zu bedienen be-gann, ging es ihr bereits um etwas anderes: eben um eine wirkliche Geiselnahme im Dienste ganz konkreter und praktischer Nahziele. Mit der Drohung, die Geiseln zu töten, wenn nicht bestimmte Forderungen von der Regie-rung, den Angehörigen oder den Firmenleitern der Gekid-nappten erfüllt würden, sollte etwa die Freilassung politischer Häftlinge, die Veröffentlichung revolutionärer Manifeste in der zensurierten Presse oder die Zahlung bedeutender Lösegelder erpreßt werden. Vor allem die diplomatischen Vertreter fremder Mächte wurden bald zu einer bevorzugten Zielscheibe dieser Aktionen. Sie richteten sich vielfach auch gegen Botschafter oder Botschaftsangehörige, die den inneren Angelegenheiten der Staaten, bei denen sie akkreditiert waren, völlig fernstanden. So fielen in Brasilien nacheinander die Botschafter der USA, der Bundesrepublik und der Schweiz in die Hände der Untergrundbewegungen, wurden aber regelmäßig wieder freigegeben, nachdem die brasilianische Regierung eine bestimmte, von den Entführern vorher festgesetzte Zahl von politischen Gefangenen entlassen und ihnen die Ausreise gestattet hatte. In Uruguay mußte u. a. der britische Botschafter Jackson viele Monate in einem sogenannten „Volksgefängnis" der Tupamaros zubringen. Weit schlimmere Folgen zog die Entführung für zwei sehr unterschiedliche Persönlichkeiten nach sich: für den deutschen Botschafter in Guatemala, Graf Spreti, und den amerikanischen Polizei-Experten Mitrione in Montevideo: beide wurden ermordet, als die Regierung den Forderungen der Entführer nicht nachkam. Die beiden Fälle sind übrigens besonders aufschlußreich, weil sie einen tiefen Einblick in die Problematik dieser Geiselnahmen gestatten. Die guatemaltekische Regierung hatte in früheren Fällen sehr wohl Zugeständnisse gemacht und Verhaftete freigelassen. Wenn sie es im Falle von Graf Spreti nicht tat und damit die Verantwortung für dessen Tod auf sich lud, dann augenscheinlich deshalb, weil gewisse der gefangenen Partisanen, deren Freigabe nun verlangt wurde, offenbar gar nicht mehr unter den Lebenden weilten, sondern von Polizei oder Militär bereits heimlich umgebracht worden oder den Torturen bei ihren Verhören erlegen waren. Im Fall Mitrione anderseits mußte der Entführte nicht nur deshalb sterben, weil ihm die Tupamaros vorwarfen, er habe die uruguayische Polizei in der Anwendung von Folter-Methoden unterrichtet. Sein Tod war auch die Folge einer Fehlkalkulation auf Seiten der Entführer: anders als ihre brasilianischen Gesinnungsfreunde, die immer beschränkte und sorgfältig nach der Bedeutung der Geiseln abgewogene Forderungen stellten, hatten die Tupamaros kurzerhand die Freilassung aller ihrer Gefangenen verlangt und damit den Leuten innerhalb der Regierung die Oberhand verschafft, die sich gegen eine solche summarische Konzession wandten. Gerade die seuchenartige Ausbreitung der Geiselnahme bestätigt die qualitative Veränderung im Charakter des Kampfes, die mit dem Übergang von der Land- zur Stadtguerilla verbunden war: hier konnte nicht mehr von einer unkonventionellen Form der Kriegführung — und sei es der inneren im Bürgerkrieg — gesprochen werden, weil sich eben diese Angriffe ganz bewußt gegen Unbeteiligte wandten. Schließlich wurde dieses Prinzip noch dadurch auf die Spitze getrieben, daß der Untergrund große Gruppen solcher Unbeteiligter — etwa die Passagiere eines gekaperten Flugzeugs oder wie in Nicaragua sämtliche Gäste eines gesellschaftlichen Empfangs — in seine Gewalt brachte und damit drohte, sie rücksichtslos umzubringen, wenn nicht diesem oder jenem Verlangen stattgegeben werde. Hier tritt das terroristische Element in gleichsam chemischer Reinheit zutage. Solche Handlungen lassen sich auch bei aller terminologischen Großzügigkeit nicht mehr unter den Begriff der Guerilla — also des Kleinkriegs — bringen, und wer angesichts solcher Phänomene noch von Stadt-Guerilla statt kurzerhand von terroristischer Kriminalität spricht, der erliegt eigentlich der Sprachregelung, die von den Tätern und ihren Gesinnungsfreunden aus rein propagandistischen Gründen in die Welt gesetzt wird.

Bemerkenswert scheint es nun aber, daß gerade solche Methoden es waren, die außerhalb Lateinamerikas jene Gruppen besonders faszinierten, deren Aktivismus und Aktivitätsdrang in umgekehrtem Verhältnis zu ihrer tatsächlichen Stärke und ihrem politischen Einfluß stehen: die Versuchung des Terrorismus ist umso größer, je weniger eine umstürzlerische Organisation sich die Chance einer (und sei es gewaltsamen) Machtübernahme ausrechnen kann. Die klassische Guerilla kann zum Erfolg auf zwei Wegen gelangen: entweder, indem sie den geschickt geführten Kleinkrieg stufenweise zum großen Krieg mehr oder weniger regulärer, dem Gegner auch in offener Feldschlacht gewachsener Verbände fortentwickelt, oder aber indem sie seinen Kampfwillen zermürbt, daß er praktisch zur Kapitulation bereit ist. Der Umschlag in den Terror, der in Lateinamerika mit der Verlagerung der Operationen vom Land in die Großstädte einherging, erfolgte dort, wo sich die erste dieser Alternativen, als aussichtslos erwiesen hatte und folglich nur noch die zweite, jedenfalls auf kurze Frist, übrig blieb. Und zum mindesten die Tupamaros hatten sich zeitweise eine ernsthafte Chance ausgerechnet, mit ihrer Strategie der vielen kleinen Nadelstiche das Regime der Präsidenten Pacheco und Bodaberry zum Einsturz bringen zu können. Das heißt: auch diese Version — oder vielmehr Perversion — der Guerilla-Konzeption rechtfertigte sich in den Augen ihrer Verfechter noch durch die Vorstellung, der erhoffte Erfolg lasse sich sogar mit möglicherweise noch bescheideneren Kräften als denen einer herkömmlichen Partisanentruppe erzielen, wenn man dem Gegner nur mit gezielten terroristischen Aktionen lange genug so zu schaffen mache, daß er die Nerven verliere und schließlich in der einen oder anderen Form lieber kapituliere, als weiter gleichsam im Nebel gegen einen ungreifbaren Widersacher um sich zu schlagen. In Lateinamerika mit seinem von jeher labilen sozialen und politischen Gefüge konnte eine solche Kalkulation sogar noch einigermaßen überzeugend erscheinen. Trotzdem ist sie bezeichnenderweise nie und nirgends konsequent durchgehalten worden, soweit sie überhaupt eine ernsthafte Rolle in den strategischen Erwägungen der subversiven Kräfte spielte. So hat etwa Marighella bis zu seinem Ende an der Ansicht festgehalten, der bewaffnete Kampf in den Städten habe seine wirkliche Bedeutung in erster Linie als Eröffnungszug der Revolution, die gewisse Voraussetzungen für den ländlichen Aufstand und damit für den eigentlich anvisierten Bürgerkrieg schaffen müsse. Der Terror stand also in seinen Augen wenn nicht taktisch so doch immerhin strategisch noch im Dienste der letztlich als unausweichlich betrachteten, mit konventionellen Mitteln auszufechtenden militärischen Konfrontation.

Die gleiche Vorstellung scheint auch bei den einzigen lateinamerikanischen Guerilla-Verbänden vorhanden, die heute noch in großen (und sogar in stets größerem) Stile aktiv sind: den argentinischen. Die ursprünglich trotzkistischen, aber inzwischen längst aus ihrer ursprünglichen Bindung an die vierte Internationale herausgewachsenen Kolonnen der „revolutionären Volksarmee" ERP., die nach kurzer Pause vom Herbst 1973 an ihre Aktionen auch gegen die demokratisch legitimierte Peronistische Regierung wiederaufnahmen, sind sogar der Realisierung dieses Konzepts nähergekommen, als jede andere ähnlich operierende Kampforganisation des Kontinents.

Seit Sommer 1974 haben sie — ohne ihre terroristischen Akte deswegen zu unterbrechen — einen beträchtlichen Teil ihrer Kräfte in den Bergen der nordwestlichen Zuckerprovinz Tucuman — also in Ausläufern der Andenkette — konzentriert, und seit Februar dieses Jahres behaupten sie sich dort gegen die Säuberungsoperationen von Regierungsstreitkräften, die ihnen zahlenmäßig zehn- bis fünfzehnmal überlegen sind. Obwohl sie in dieser Zeit nach offiziellen (und in diesem Fall ausnahmsweise trotzdem glaubwürdigen) Angaben erheblich über 100 Mann verloren haben — also doppelt so viel, wie die ganze Guerilla des Ché in Bolivien im Augenblick ihrer größten Stärke zählte, wird ihr Effektivbestand an Kämpfern an der Tucuman-Front allein immer noch auf 200 bis 300 Mann geschätzt, ist also nach lateinamerikanischen Begriffen bemerkenswert hoch, und die Rekrutierung neuer Mannschaften scheint angesichts der katastrophalen argentinischen Krise bisher ebensowenig erkennbaren Schwierigkeiten zu begegnen wie die Organisation des Nachschubs.

Ebenso sind die mit dem ERP locker zusammenarbeitenden, aber völlig selbständig operierenden Montoneros derzeit im Begriff, vom bloßen (oder doch vorwiegenden) Terrorismus mehr und mehr zu eigentlich militärischen Operationen überzugehen. Das hat - Anfang Oktober 1975 - der zwar erfolglose, aber brillant organisierte Angriff auf eine Kaserne in der Provinzhauptstadt Formosa bewiesen, der mit der Besetzung des örtlichen Flugfeldes, der Entführung eines Linienflugzeugs und der Sicherung eines Landeplatzes für die zu evakuierenden Angreifer in einer weit entfernten Provinz kombiniert war — eine Operation von beachtlicher Kompliziertheit, die also eine sehr sorgfältige generalstabsartige Planung voraussetzte. Die Montoneros bieten übrigens einen sehr interessanten Beitrag zur Frage nach der Rolle der Ideologie, die ja bei Diskussionen über das Guerillaphänomen immer wieder eine Rolle spielt. Als die Montoneros in den späten sechziger Jahren mit ihren Aktionen gegen die damalige argentinische Militärdiktatur des Generals Ongania begannen, waren sie einer der ganz wenigen Guerillaverbände Lateinamerikas, die sich nicht auf den Marxismus-Leninismus beriefen. Noch im Frühjahr 1973 versicherte mir einer der höchsten Richter Argentiniens, der speziell mit der Bekämpfung der Subversion betraut war und einen ausgezeichneten Überblick über die vorhandenen revolutionären Kräfte besaß, daß die Montoneros im wesentlichen dem orthodoxen Nationalismus peronistischen Typs verpflichtet seien, also nicht mit den Linksradikalen auf eine Stufe gestellt werden dürften. Mittlerweile haben sie sich aber so radikalisiert, daß überhaupt keine nennenswerten ideologischen Differenzen mit dem ERP mehr feststellbar sind — ein Vorgang, der mit als charakteristisch für die bemerkenswerte Auswechselbarkeit der ideologischen Etiketten bei praktisch gleichbleibender strategischer Perspektive im eigentlichen militärischen und operativen Bereich erscheint.

Sogar die Tupamaros haben zeitweise mit dem Gedanken nicht nur gespielt, sondern auch Schritte zu seiner Ausführung unternommen, von den terroristischen Schlägen einer kleinen, straffen Kaderorganisation zu einer mehr konventionellen Kriegführung mit quasi-militärischen Mitteln überzugehen, auch wenn sie unter uruguayischen Verhältnissen kaum an einer Guerilla guevaristischen Typs denken konnten: das lag ihrem Versuch 1972 zugrunde, ihre großstädtische Basis in die Provinz zu erweitern und eine größere Zahl von Anhängern zu rekrutieren — was sich allerdings als ein verhänignisvoller Fehler erwies und dazu beitrug, daß der Armee noch im gleichen Jahr die bis heute effektive Liquidierung der Untergrund-Bewegung gelang. Daß solche Tendenzen fast überall in Latein-amerika, wo es tatsächlich eine relativ schlagkräftige Stadt-Guerilla gab, zutagegetreten sind, hat wohl zwei Gründe: 1. fühlen sich die linksradikalen Umstürzler dort, auch wenn sie gewiß nirgends eine Mehrheit der Bevölke-rung auf ihrer Seite wissen, doch von einer breiteren Welle der Unzufriedenheit und des Protests in den Massen getragen, und die Labilität der Gesellschaftsstruktur wie des politischen Gefüges scheint ihnen immer wieder die Aussicht auf eine Mobilisierung dieser Massen und damit auf einen „Volkskrieg" zu eröffnen. 2. mußten sie sich früher oder später die Frage vorlegen, wie denn der Um-schlag vom Terror zur Machteroberung tatsächlich vor sich gehen sollte: daß man einen Staat (selbst einen schwa-chen) nicht mit noch so kühn und geschickt angelegten kleinen Einzelaktionen über den Haufen werfen könne, war eine Erkenntnis, die sich jedenfalls den klügeren unter ihnen irgendwann einmal aufdrängte. Die Antwort war, daß die terroristischen Aktionen nur dazu dienen sollten, gleichsam den Boden für die eigentliche revolutionäre Erhebung aufzulockern.

Zum mindesten in Mitteleuropa — und das gilt nicht nur für die Bundesrepublik, sondern selbst für ein Land wie Italien, ja möglicherweise sogar für Spanien — erscheint eine solche Perspektive nun allerdings irreal. Sie ist auch — mit der möglichen Ausnahme der baskischen ETA — von denen, die auf unserem Erdteil die Konzeption der Stadtguerilla aufgriffen, meines Wissens kaum je ent-wickelt worden: sie können sich kaum eine Chance aus· rechnen wie ihre lateinamerikanischen Vorbilder, daß ihre Überfälle und Anschläge den Auftakt für eine bewaffnete Massen-Aktion abgeben könnten, was den entsprechenden und meist mit ungleich größerem Geschick aufgezogenen Unternehmungen ja auch in Lateinamerika außer im argen-tinischen Sonderfall versagt blieb, dort aber doch jeden-falls denkbar schien. Wohl aber fanden die europäischen Lehrlinge bei lateinamerikanischen Theoretikern eine andere präfabrizierte Rechtfertigung des Aktivismus um jeden Preis, die sich sehr viel einfacher auf die Situation hochentwickelter und zumal demokratisch verfaßter Indu-striegesellschaften übertragen ließ: die These nämlich, es sei die Aufgabe der Guerilla, zumal der Stadtguerilla, die Verschärfung der latenten und gleichsam „normalen" Repression zu provozieren und damit die herrschende Klasse dazu zu bringen, ihr brutales Gesicht offen und ohne demokratisch-rechtsstaatliche Maske zu zeigen. Nur eine solche bewußt und systematisch herbeigeführte Zuspitzung des Klassenkampfes, so wird argumentiert, könne die breiten Massen der Ausgebeuteten davon überzeugen, daß ihnen letztlich gar keine andere Wahl übrigbleibe, als gegen ihre Unterdrücker zu den Mitteln der Gewalt zu greifen. So haben es etwa die Tupamaros geradezu als einen ihrer wesentlichen Erfolge registriert, daß es ihnen gelungen sei, in dem angeblichen demokratischen Musterstaat Uruguay — der „südamerikanischen Schweiz" — die „Tarnung" zu zerreißen, hinter der die herrschende Klasse ihre diktatorische Herrschaft bis dahin verschleiert habe und die der „nationalen Mehrheit" immer so teuer gewesen sei: die Tarnung der Demokratie, der garantierten Bürgerfreiheiten, des Wohlfahrtstaates und des sozialen Friedens. Nur wenn die hinter diesem Vorhang verborgenen gesellschaftlichen Widersprüche auf die Spitze getrieben und dadurch offenbar gemacht würden, könne das zunächst mangelnde Verständnis der breiten Volksschichten für die Sache der Revolution gewahrt werden. Einfacher gesagt heißt das: es müsse zuerst viel schlimmer kommen, bevor es besser kommen könne, und der Terror werde diese Verschlimmerung unausweichlich machen, die dann dem einfachen Mann die Augen öffnen und ihn von der Notwendigkeit des totalen Umsturzes überzeugen werde. Dieser Gedanke ist schon in den späteren Schriften Guevaras angelegt — nicht in seinem ursprünglichen Guerilla-Handbuch zwar, aber in dem vier Jahre später geschriebenen Aufsatz „Der Guerilla-Krieg — eine Methode" und vollends in seinem Appell „schafft zwei, drei, viele Vietnams". Er liegt auch der Vorstellung zugrunde, man müsse eine ausländische — in der Praxis also nordamerikanische — Intervention hervorrufen, um dem sozialen Kampf den Charakter eines nationalen Befreiungskrieges zu verleihen, den er in Vietnam angenommen hat. Dieser Gedanke taucht in der Literatur der Tupamaros ebenso wie in Äußerungen der bolivianischen, kolumbianischen, guatemaltekischen Partisanen einmal ums andere auf.

Diese Argumentation hat bezeichnenderweise eine besondere Anziehungskraft auf jene europäischen Gruppen ausgeübt, die auch bei uns von der Entfesselung einer Stadt-Guerilla träumen oder sogar Versuche unternehmen, sie praktisch zu verwirklichen. Zwar gibt es auch in der Tradition der europäischen revolutionären Bewegung Beispiele einer ähnlichen (und durchaus autochthonen) Dialektik: man denke an die Haltung der KPD in den frühen dreißiger Jahren, die von der Illusion beherrscht war, die Machtergreifung des Nationalsozialismus sei letztlich zu begrüßen, weil sie zuverlässig den Auftakt zur proletarischen Revolution abgeben werde. Trotzdem scheint es mir keinem Zweifel zu unterliegen, daß die Leute, die die Techniken des Terrorismus von ihren lateinamerikanischen Vorbildern ausgeborgt haben, von dort auch ganz unmittelbar die Strategie des „je schlimmer, desto besser" beziehen — und es könnte sehr wohl sein, daß diese ideologische Anleihe sogar den wichtigsten und gefährlichsten Beitrag Lateinamerikas an die Formation des europäischen Terrorismus darstellt. Gewiß, auch in Lateinamerika selbst hat sich diese Kalkulation bisher als fürchterliche Fehlrechnung erwiesen: die systematische und gewollte Barbarisierung der innenpolitischen Kampfmethoden ist vorderhand so gut wie überall — in Brasilien wie in Uruguay, in Argentinien wie in Guatemala — nur der äußersten Rechten zugutegekommen, und die maßlose Übersteigerung der Repression hat nicht die Revolution, sondern die radikale Konterrevolution entweder produziert oder doch zementiert. Aber eines ist den Tupamaros wie dem chilenischen MIR, den brasilianischen Untergrundbewegungen wie den argentinischen Guerillas allerdings gelungen: die Chancen einer demokratischen Entwicklung in ihren Ländern auf ein Minimum zu reduzieren. D a r a u s s o l l t e n s i c h a u c h f ü r u n s L e h r e n e r g e b e n : d a ß m a n n i c h t i n d i e F a l l e h i n e i n g e h e n d a r f , d i e v o n A u ß e n s e i t e r n d u r c h i h r e n T e r r o r a u f g e s t e l l t w i r d , u n d d a ß e s g e f ä h r l i c h i s t , s i c h v o m G e g n e r — g a n z b e s o n d e r s e i n e m b e i a l l s e i n e r G e w a l t t ä t i g k e i t l e t z t l i c h s c h w a c h e n G e g n e r — d i e M a x i m e n d e s H a n d e l n s a u f z w i n g e n z u l a s s e n .

Die für diesen Aufsatz benutzte Literatur findet sich in dem Buch des Verfassers „Macht und Ohnmacht der Guerilla" (1974); eine Untersuchung über Theorie und Praxis der lateinamerikanischen Guerilla.

Buchveröffentlichungen u. a.:
„Nationen im Werden" (1954); Ergebnisse einer Reise in den Balkan und den Vorderen Orient.
„Bonn ist nicht Weimar" (1956); eine Studie über die Bundesrepublik, ergänzt durch eine Sammlung von Aufsätzen zur deutschen Politik.
„Zwischen Stabilität und Krise" (1963).
„Die Revolution der Bärte" (1961); eine Studie über Fidel Castro und sein Regime in Kuba.
„25 mal die Schweiz" (1965); eine Sammlung von Porträts der schweizerischen Kantone.
„8 mal Portugal" (1971); eine Studie über die Geschichte, die Landschaft, die Menschen und die Politik.
„Macht und Ohnmacht der Guerilla" (1974); eine Untersuchung über Theorie und Praxis der lateinamerikanischen Guerilla.

Rolf Tophoven, geb. 1937, Studium der
Geschichte und Germanistik an der Westf.
Wilhelms-Universität zu Münster.
Staatsexamen. Unterrichtet heute an einem
Gymnasium in den Fächern Geschichte,
Deutsch und Politik. Autor des Buches
„Fedayin - Guerilla ohne Grenzen".
Zahlreiche Veröffentlichungen in
Fachzeitschriften zu Fragen des
Guerillakrieges im Nahen Osten zwischen
Palästinensern und Israelis. Arbeitet an einer
wissenschaftlichen Studie über die
Konterguerilla Israels.

Rolf Tophoven

Palästinensische Kommandos - israelische Abwehr
Aspekte des Guerillakrieges und der Konterguerilla in Nahost

Die Auseinandersetzung zwischen den palästinensischen Kommandos und der Armee Israels seit dem Sechs-Tage-Krieg von 1967 bis zur Gegenwart enthüllt die ganze Problematik von Erfolg und Scheitern moderner Guerillabewegungen. Darüber hinaus sind aber im Nahen Osten auch die Möglichkeiten und Wirkungen einer auf alle Sektoren des Kampfes abgestimmten „counterinsurgency" sichtbar geworden [1]). Unter diesen Gesichtspunkten gewinnt der Guerillakrieg zwischen Israel und den Palästinensern gleichsam paradigmatischen Charakter für eine Analyse der Strukturen heutiger Kleinkriegführung und ihrer Abwehr.

Als am 10. Juni 1967 die dritte militärische Kraftprobe zwischen Israel und den Arabern seit der Staatsgründung Israels beendet war, hatte die kleine Armee unter dem Davidstern einen der glänzendsten militärischen Siege der neueren Geschichte errungen. Aber der spektakuläre Erfolg der Zahal (israel. Armee) bewirkte zugleich auch das Auftauchen und den Aufstieg einer neuen Kraft auf der politischen Bühne des Nahen Ostens: der Freischärler der palästinensischen Guerillaorganisationen. Während die arabische Welt noch unter dem Schock der Katastrophe stand, versuchten die Fedayin, „die Opferbereiten", bereits unmittelbar nach Kriegsende unter der palästinensischen Bevölkerung die Strategie des bewaffneten Volkskrieges gegen Israel zu propagieren. „Der bewaffnete Kampf ist der einzige Weg zur Befreiung Palästinas", lautete die Parole [2]). Im Zuge dieser Entwicklung trat die Konzeption palästinensischer

Guerillabewegungen „stärker als je zuvor in Erscheinung"[3]). Die erneute Aufgipfelung des Untergrundkampfes zwischen Israelis und Arabern in den Dimensionen einer Guerilla läßt die vielleicht etwas gewagte These zu: der arabisch-israelische Konflikt hat im Grunde niemals den Charakter eines Guerillakrieges verloren. Er scheint eher bis heute viermal durch den großen Krieg mit seinem ungeheueren Potential an modernen Waffen unterbrochen worden zu sein. Denn wenn wir die Geschichte dieses Ringens verfolgen, sind Phasen relativer Ruhe kaum zu entdecken, vielmehr beherrschen die Akzente subversiver Auseinandersetzungen permanent die Szene. So ist der Nahostkonflikt unter den Kriterien eines ständigen Wechselspiels zwischen dem kleinen und dem großen Krieg „ein Kriegsfall sui generis, ohne Analogie in der modernen Geschichte"[4]).

Der Aufstieg der palästinensischen Freischärlerorganisationen nach dem Sechs-Tage-Krieg war im arabischen Raum das Ereignis, in dem Intellektuelle wie die Massen der Palästinenser den Beginn einer neuen Ära ihrer Geschichte erblickten, zumal der Ausgang des Junikrieges (1967) mit der Besetzung arabischer Territorien durch Israel den Boden zu bereiten schien, auf dem die Strategie eines Volksbefreiungskrieges Anwendung finden konnte. Gleichzeitig bewirkten die Ereignisse des Sechs-Tage-Krieges auch eine Veränderung in der Haltung der Palästina-Araber gegenüber den etablierten arabischen Staaten und ließen ein palästinensisches Identitäts- und Nationalverständnis aufkeimen[5]). Die Niederlage der regulären arabischen Streitkräfte führte nämlich zu einer tiefen Zäsur im politischen Bewußtsein der Palästinenser, was eine psychologische Emanzipation von den arabischen Staaten verursachte, weil man sich von ihnen im Stich gelassen fühlte[6]). Diese Entwicklung ist nur vor dem Hintergrund der arabisch-palästinensischen Beziehungen vor dem Sechs-Tage-Krieg zu begreifen.

Der Geburt des Staates Israel waren, besonders in den 30er Jahren, heftige Auseinandersetzungen zwischen Juden und Arabern vorausgegangen, wobei sich auf beiden Seiten mit zunehmender Eskalation Guerillaformationen herauskristallisierten. Unter diesen profilierte sich vor allem die jüdische Haganah mit ihrer Elitetruppe, der „Palmach". Auch nach der Errichtung des jüdischen Staates flammten immer wieder Aktivitäten aus dem palästinensischen Untergrund auf, die zunächst jedoch nur den Charakter unorganisierter Operationen einzelner Banden trugen. In der Zeit unmittelbar vor dem Sinai-Krieg von 1956 „wurde der Kampf aber schon ideologisch verbrämt"[7]). Der Mythos vom Fedayin, dem „Opferbereiten", wurde geschaffen.

70

Die 1955 von Ägypten im Gazastreifen aufgebauten Guerilla-kader hatten den Auftrag, tief in israelisches Gebiet zu infil-trieren, um die Spannungen zwischen Israel und Ägypten anzuheizen. Parallel zu dieser Entwicklung praktizierte die israelische Regierung mit zunehmender Anzahl der Zwi-schenfälle eine Politik bewaffneter Vergeltungsschläge[8]), die bis zum heutigen Tage ein wesentlicher Bestandteil der Strategie Israels bei der Bekämpfung der Guerillas darstellt. Doch die schon 1956 im Gazastreifen aufgestellten ersten Kader der späteren Fedayin-Organisation El Fatah gerieten sehr bald zwischen die Mühlsteine interarabischer Politik, deren große politische Linie zu dieser Zeit auf die Verwirk-lichung der arabischen Einheit unter Führung Nassers zielte. Das panarabische Großreich sollte dann die Ausgangsposi-tion für die Befreiung Palästinas sein.

Als jedoch die Erfolglosigkeit Nassers immer deutlicher wurde, verbreitete sich bei jener palästinensischen Füh-rungsschicht, die heute an der Spitze der Guerillaorganisa-tionen steht, tiefes Mißtrauen gegenüber der offiziellen ara-bischen Politik. Beispiel und Erfolg der Widerstandsbewe-gungen in Kuba und Algerien stimulierten zudem die Schicht der jungen, revolutionär eingestellten palästinensischen In-tellektuellen. Diese Kreise hatten ihre Ausbildung an arabi-schen, europäischen und amerikanischen Universitäten er-halten und waren dort mit dem Gedankengut der klassischen Lehrmeister des modernen Guerillakrieges in Berührung ge-kommen. Besonders der Ausgang des Algerienkrieges galt vielen Palästinensern als Vorbild, wodurch dann auch die Bildung zahlreicher nationalistisch orientierter arabisch-pa-lästinensischer Gruppen beschleunigt wurde, was wiederum die offizielle arabische Politik veranlaßte, diesen Prozeß zu steuern und zu kanalisieren. So kam es 1964 auf Betreiben Nassers auf der ersten arabischen Gipfelkonferenz in Alexandria zur Gründung der „Palästinensischen Befreiungs-organisation", der PLO, die heute als Dachverband fast aller Guerillagruppen fungiert. Als militärischer Arm dieser Orga-nisation wurde die PLA (Palestine Liberation Army) etab-liert[9]). Doch die „alte" PLO entpuppte sich bis zum Sechs-Tage-Krieg als ein reines Macht- und Interesseninstrument der offiziellen arabischen bzw. ägyptischen Politik. Entspre-chend dieser Verfilzung spielten dann auch im Junikrieg die Einheiten der PLA nur eine klägliche Rolle. So fühlten sich besonders die Palästinenser vom Ausgang des dritten arabisch-israelischen Krieges bitter enttäuscht. Sie mußten erkennen, daß sie in der Vergangenheit den Interessen der arabischen Regierungen geopfert worden waren.

Palästinensische Kreise hielten nun nach einer neuen Kraft Ausschau, um ihr Anliegen erneut ins Rampenlicht der Weltöffentlichkeit zu stellen. Sternstunde gleichsam für eine Guerilla.

So schienen denn auch die Freischärler der palästinensischen Organisationen die geeignete Speerspitze zu sein, mit der Israel getroffen werden konnte. Mit ungeheurer publizistischer Energie wurden Zielsetzungen, Strategie und Taktik der Fedayin einer breiten Öffentlichkeit vorgetragen. In ihren Veröffentlichungen stilisierten die Palästinenser den Guerillakampf gegen Israel zu einem Krieg, der alle bis dahin geführten Kleinkriege der Geschichte in den Schatten stellen sollte. „Das besonders intensive Verhältnis der Araber zum Wort" [10]) hat bei diesen Versuchen, sich mit einer Gloriole des Volkskrieges und einer revolutionären Bewegung zu umgeben, sicherlich bedeutenden Einfluß gehabt. Die Adaption eines vielfältigen ideologischen Angebotes aus den Lehren der Dogmatiker und Praktiker des Partisanenkampfes spiegelt die Faszination wider, die die Lehren des Guerillakrieges auf die palästinensische Widerstandsbewegung ausüben. Vom Ideologen des algerischen Aufstandes, Frantz Fanon, wurde die These von der Notwendigkeit der Gewaltanwendung übernommen; Che Guevara lieferte die Theorie des bewaffneten Kampfes; Mao Tse-tung das Konzept des „langen Marsches" und die These, der Revolutionär müsse unter der Zivilbevölkerung schwimmen „wie ein Fisch im Wasser"; schließlich bot Régis Debray den Leitsatz, die Volksarmee sei der Kern der Parteien - und nicht umgekehrt [11]).

Die im Grunde bedenkenlose und meist wenig reflektierte Übernahme fremder Lehren und Leitbilder durch die Fedayin-Verbände sowie der Versuch, Bedingungen aus anderen Ländern auf die Situation in Nahost zu übertragen, erzeugte bei den Palästinensern ein Wunschdenken, das - da ja die tatsächliche Situation völlig anders aussah - sehr häufig zu einer fatalen Verkennung der wahren Machtverhältnisse und der militärisch/operativen Lage führte. Die Neigung der Palästinenser, selbst kleine Anschläge gegen jüdische Siedlungen, auch in der Vergangenheit, zu heroischen Aktionen der Guerillakriegführung heraufzuspielen, hat der israelische Wissenschaftler, Prof. Harkabi, einer der besten Kenner der Szenerie, in einer Analyse des palästinensischen Guerillaphänomens aus der israelischen Sicht zu erklären versucht. Nach Harkabi hat der bewaffnete Kampf für die Palästinenser nicht nur eine besondere Attraktivität, als der einzigen Möglichkeit erfolgreicher Auseinandersetzung eines nicht entwickelten Volkes mit einer technologisch überlegenen Macht, sondern auch aus psychologischen und soziologischen Gründen. Denn die Palästinenser litten unter der Schmach der Niederlage, unter der Enteignung, dem Flüchtlingsstatus und dem Lagerleben, besonders aber unter der Verachtung durch die anderen Araber, was sich aus der Einstellung herleite, daß der Verlust von Land und Eigentum ein Schlag gegen Würde und Ansehen sei. Da in der arabischen Gesellschaft immer noch der Besitz das entscheidende Kriterium für Prestige und die gesellschaftspolitische Einstufung des einzelnen sei, habe der bewaffnete Kampf die psychologische Funktion des Ausgleichs für vergangenes Versagen und Prestigeverluste; zugleich werde der gewaltsame Widerstand aber auch als Gegenkraft zum Fatalismus, der sprichwörtlich sei für die arabische Gesellschaft, verstanden[12]).

Das Spektrum der einzelnen palästinensischen Guerillaorganisationen ist außerordentlich schillernd und wies zeitweise über zehn verschiedene Gruppen und Grüppchen auf. Abspaltungen sowie ständig neue Umgruppierungen kennzeichnen das Schicksal mancher Kampfverbände. Darin zeigt sich, wie zerrissen und untereinander zerstritten die palästinensische Bewegung seit ihrer Geburtsstunde war. Auch diese Erscheinung gibt uns wertvolle Hinweise bei der Frage nach Erfolg und Mißerfolg der Guerillas in Nahost. Ein kurzer Blick auf die wichtigsten Organisationen verdeutlicht noch die internen Schwierigkeiten, die den Guerillakampf der Fedayin belasten. Teils unter dem schirmenden Dach der PLO, teil von ihr abgesplittert, profilierten sich bis heute folgende Freischärler-Gruppen, die nähere Aufmerksamkeit verdienen:

■ El Fatah, die größte Bewegung, mit Yassir Arafat an der Spitze, der gleichzeitig, seit 1969, Vorsitzender der PLO ist; diese Organisation ist die älteste Formation, und ihre Ansätze gehen in das Jahr 1956 zurück. Westliche und israelische Nachrichtendienste schätzen die augenblickliche Stärke der Fatah auf ca. 8 000 Mitglieder[13]). Ideologisch ist El Fatah nicht eindeutig festgelegt; sie gilt im Gegensatz zu anderen Gruppen als national-konservativ-palästinensisch, und ihr Ziel ist ausschließlich die Befreiung der besetzten Gebiete, worunter die Organisation allerdings die gesamte Region des früheren britischen Mandatsgebietes, einschließlich Israel, versteht[14]). Diese auf das palästinensische Kernland beschränkte Haltung, wie El Fatah den Kampf versteht, hat auch dazu geführt, daß Arafat besondere Unterstützung durch die feudalistischen Staaten der arabischen Welt empfing; da Arafat versprach, sich aus den inneren Angelegenheiten seiner Gastländer herauszuhalten. Wenn heute, und diese Entwicklung setzte nach dem Yom-Kippur-Krieg verstärkt ein, Arafat durch viele arabische Staaten hofiert wird, so hat dieses Entgegenkommen ausschließlich taktische Gründe, weil die Gesamtkonzeption und die Person Arafats für die etablierten Staaten der arabischen Welt einfach bequemer und letztlich ungefährlicher erscheint als die auf einen radikal-revolutionären Umsturz - auch in der arabischen Welt - zielenden Vorstellungen eines George Habbash. Dieser Name ist das Stichwort für die Betrachtung der in ihren Methoden und ihrer Weltanschauung extremsten Bewegung innerhalb der Palästina-Guerillas.

■ der „Volksfront für die Befreiung Palästinas" unter der Führung des marxistisch-leninistisch indoktrinierten Dr. George Habbash, eines früheren Kinderarztes. Habbash, einer der Initiatoren der Flugzeugentführungen und des Exports der Gewalt über die Grenzen des Nahen Ostens hinaus, sieht den Konflikt im Gegensatz zu Arafat überregional, wodurch die politische und militärische Stoßrichtung der „Volksfront" eindeutig auch auf die konservativen arabischen Feudalstaaten mit den Ölscheichtümern an der Spitze gelenkt wird. „Unser Feind", so sagt er, „heißt Israel plus Zionismus plus Imperialismus plus alle reaktionären Kräfte in der arabischen Welt" [15]. Für Habbash sind die USA und in ihrem Schlepptau Israel die Inkarnation des Imperialismus, und nur die Allianz der national-progressiven Kräfte in Asien, Afrika und Lateinamerika ist in der Lage, diesen Erzgegnern der palästinensischen Revolution erfolgreich zu begegnen [16]. Die Anhängerschar George Habbashs ist im gegenwärtigen Stadium der Auseinandersetzung, wie zuverlässige Quellen [17] besagen, auf ca. 400 Guerillas zusammengeschrumpft, was jedoch die Gefährlichkeit dieser Kader nicht gemindert hat. Vielmehr lassen die Aussagen israelischer Soldaten, die in jüngster Zeit an der libanesisch/isralischen Grenze in Zusammenstöße mit Habbash-Leuten verwickelt waren, erkennen, daß die Fedayin der „Volksfront" heute innerhalb der Widerstandsbewegungen, zusammen mit den Kadern Ahmed Jibrils, zu den am besten ausgebildeten und diszipliniertesten Einheiten der Palästina-Guerillas zählen [18].

Von den seit dem Oktoberkrieg von 1973 in Nahost in Gang gesetzten Entspannungsbemühungen hat sich die „Volksfront" scharf distanziert. Habbash löste sich von der PLO, um an der Spitze der sogenannten „Ablehnungsfront" alle Ansätze einer friedlichen Regelung zu torpedieren und den Kampf gegen Israel umso erbitterter fortsetzen zu können.

■ die dritte erwähnenswerte Guerilla-Formation ist die „Demokratische Volksfront für die Befreiung Palästinas" unter ihrem Generalsekretär Nayef Hawatmeh. Diese Gruppe splitterte 1969 auf Grund ideologischer Differenzen von der „Volksfront" Habbashs ab. Die „Demokratische Volksfront" (ca. 300 Mitglieder) gilt als ultralinkes Sammelbekken der Palästinenser.

■ die vierte Organisation der Fedayin auf der Palette der Guerillabewegungen ist die „Volksfront für die Befreiung Palästinas - Generalkommando" (ca. 300-400 Mitglieder). Sie wird geführt von Ahmed Jibril, einem ehemaligen Absolventen der Königlichen Militärakademie in Sandhurst und früheren Offizier in der syrischen Armee. Jibril trennte sich im September 1968 ebenfalls von der „Volksfront" Habbashs und beschloß, den Kampf allein fortsetzen zu wollen. Unbelastet von jeglichen ideologischen Zwängen ist das einzige Ziel dieser Gruppe, die militärische Aktion gegen Israel. Wegen ihrer Radikalität und schonungslosen Brutalität in der Anwendung der jeweiligen Mittel muß die Jibril-Gruppe als eine der gefährlichsten Kampfgruppen der Fedayin betrachtet werden.

■ die in Syrien aufgebaute Miliztruppe „As Saika" (Blitzstrahl) - ca. 1 300 Anhänger - weist von allen Palästinensergruppen die stärkste Verflechtung mit einem arabischen Regime auf. Ihre Einheiten sind den syrischen Machthabern direkt unterstellt und erhalten ihre Einsatzbefehle, ihre Ausbildung und Ausrüstung in enger Kooperation mit der syrischen Armee [19]). Diese Zusammenarbeit und Verfilzung erlaubt es den Syrern andererseits, stets eine umfassende Kontrolle über die Aktivitäten des „Saika"-Guerillas auszuüben. Führer dieser Organisation ist Suheir Mohsein, zugleich militärischer Operationschef der PLO.

■ die Terrorkommandos des „Schwarzen September", die mit brutalen Anschlägen Länder außerhalb des nahöstlichen Kriegsschauplatzes heimsuchten, nehmen im Spektrum der palästinensischen Guerillagruppen eine Sonderstellung ein. Diese Geheimorganisation wurde nämlich erst ins Leben gerufen, als die Armee König Husseins im Bürgerkrieg von 1970 die Fedayin-Basen in Jordanien zerschlagen und die Guerillas aus dem Lande vertrieben hatte. Bei den Vorgängen, die zur Gründung des „Schwarzen September" beitrugen, spielte El Fatah eine federführende Rolle. Obgleich die Arafat-Organisation in der Vergangenheit - namentlich nach Anschlägen und Attentaten - eine Verbindung zum „Schwarzen September" stets geleugnet hat, ist inzwischen eine weitgehende Identität der Fatah-Guerillas mit den Kommandos des „Schwarzen September" zweifelsfrei erwiesen. Der „Schwarze September" ist ein militärisches Ausführungsorgan der Fatah und anderer Gruppen und wird von Salah Khalef (Abu Ayad), dem Stellvertreter Arafats, operativ gelenkt [20]). Ein weiteres Indiz für die Verbindung des „Schwarzen September" mit El Fatah kann in der momentanen Passivität dieser Terrorgruppe gesehen werden, denn seit dem Anschlag auf die saudiarabische Botschaft in Khartum im März 1973 trat sie nicht mehr in Erscheinung. Dabei dürfte es sich um ein taktisches Manöver handeln, um die politischen Aktivitäten Arafats und seinen nach dem Yom-Kippur-Krieg in manchen Ländern angewachsenen Kredit nicht zu gefährden.

Wie spielte sich nun der Kampf der palästinensischen Kommandos gegen Israel im Zeitraum zwischen dem dritten und vierten Nahostkrieg ab?
Bereits wenige Wochen nach der Feuereinstellung beschloß El Fatah auf einer Geheimkonferenz am 31. Juni 1967 die sofortige Aufnahme des Widerstandes. Die Aktivitäten der Guerillas kamen den arabischen Staaten damals sehr gelegen, denn diese brauchten Zeit, um die militärische Schlappe und die damit verbundenen innenpolitischen Schwierigkeiten zu überwinden. So unterstützte die arabische Welt, an ihrer Spitze die reichen Ölländer, anfangs mit beträchtlichen finanziellen Zuwendungen den Aufstieg der Fedayin. Wohl keine andere Guerilla der neueren Geschichte konnte in so prall gefüllte Kassen greifen. Jüngste Erhebungen des englischen Journalisten John Laffin haben ergeben, daß noch 1974 die Guerillas annähernd 120 Millionen britischer Pfund an Subsidien erhalten haben. Allein der libysche Staatschef Gaddhafi soll den Palästinensern einen jährlichen Bonus von 40 Millionen Pfund gezahlt haben; für das Massaker von München überwies er 5 Millionen Pfund auf Schweizer Konten der Fatah [21]).
Dieser Geldstrom ermöglichte es den palästinensischen Organisationen, sich mit Handfeuerwaffen, vorwiegend sowjetischer und chinesischer Bauart, Mörsern bis zu einer Größe von 120 mm, Raketen, Anti-Tank-Waffen und leichten Geschützen auszustatten [22]). Unter den Waffen, die den Guerillas aus dem Ostblock zugespielt wurden, waren auch in der Sowjetunion gefertigte SAM-7-Raketen, die in einem Arsenal von Mitgliedern des „Schwarzen September" im Sommer 1973 in Rom entdeckt wurden [23]). Die großzügige finanzielle Hilfe erlaubte den Organisationen auch, ihren Mitgliedern monatlichen Sold zu zahlen. Außerdem wurden Geldprämien für Kommandounternehmen gegen Israel und in den besetzten Gebieten ausgesetzt. Aber gerade dieser Söldnerstatus - ein neues Phänomen im modernen Kleinkrieg [24]) - unterhöhlte im Laufe der Zeit die Moral und die Gefechtsbereitschaft der Guerillas erheblich.
Militärisch lief die Taktik der Palästina-Guerillas in den besetzten Gebieten darauf hinaus, die israelischen Sicherheitskräfte in ständiger Alarmbereitschaft zu halten. Streiks und permanente Sabotageakte sollten das Rezept hierzu liefern. Allerdings scheiterte dieser Plan schon in der Zeit von Juli bis Dezember 1967 und brach in den nächsten Jahren dann

völlig zusammen. Ausschlaggebend für diese Entwicklung waren folgende Gründe:

— die eigene Schwäche der palästinensischen Bewegung
— die Wirksamkeit der israelischen Konterguerilla, die jeden Widerstand schon recht bald im Keim erstickte
— die fehlende Unterstützung durch die arabische Bevölkerung im besetzten Gebiet westlich des Jordans und dann später auch im Gazastreifen [25]).

Das von Mao Tse-tung übernommene Konzept vom Guerilla als dem „Fisch im Wasser" der Zivilbevölkerung konnte in jenem Stadium keine Wurzeln greifen.

Unter den Kriterien einer Guerillakriegführung muß das frühe Zusammenbrechen des Widerstandes schon als eine für die Zukunft entscheidende militärische Niederlage interpretiert werden. Indem nämlich die Guerillas aus den besetzten Gebieten hinausgedrängt wurden und es ihnen nicht gelang, stabile Untergrundzellen aufzubauen, wurde ihnen bereits im ersten Stadium ihrer Operationen das wichtige und für den klassischen Guerillakrieg einer Landguerilla - denn mit einem solchen Typ des Kleinkrieges haben wir es ja in Nahost zunächst zu tun - notwendige Betätigungsfeld entzogen. Dabei ist nicht entscheidend, daß es noch bis 1970/71 fast täglich zu Anschlägen, Attentaten, Terrorakten sowie zu Zusammenstößen mit der Armee Israels kam. Viel bedeutungsvoller für das weitere militärische Schicksal der palästinensischen Kommandos war, daß es ihnen nicht gelang, die konspirative Anfangsphase, wo für jede Guerilla die Existenzfrage gestellt ist, zu überwinden [26]).

Diese Situation verstrickte die palästinensische Befreiungs-Organisation immer stärker mit den innenpolitischen Verhältnissen im Königreich Jordanien, wohin sich nämlich die Fedayin nach ihrer Vertreibung aus Judäa und Samaria zurückgezogen hatten.

In Ostjordanien etablierten sich die verschiedenen palästinensischen Gruppen Zug um Zug zu einem „Staat im Staat", der zu einer gefährlichen Bedrohung des Haschemitischen Königreiches anwuchs. Je stärker sich der Konflikt zwischen König Hussein und den Freischärlern ausprägte, umso mehr schien ein weiteres taktisches Kalkül Israels aufzugehen. Denn das Zurückdrängen der Guerillas bis nach Amman vermehrte letztlich die Spannungen zwischen dem Regime in Jordanien und den palästinensischen Kommandos derart, daß es zum Bürgerkrieg kam. In den Kämpfen zwischen königstreuer Armee und Palästina-Guerillas liquidierte die Streitmacht Husseins im September 1970 und im Sommer des folgenden Jahres die Bastionen der Guerillas und trieb die Fedayin aus dem Lande. Damit war ihnen militärisch das Rückgrat gebrochen. Von diesem Schlag haben sich die palästinensischen Organisationen bis heute nicht mehr erholt.

Die Vorgänge in Jordanien werfen zugleich ein Licht auf die Beziehungen der arabischen Länder zu den palästinensischen Gruppen. Dieses Verhältnis muß kurz behandelt werden, weil unter den Aspekten einer Guerillakriegführung die Mitwirkung auswärtiger Anlehnungsmächte, die als fortwährender Unterstützungsfaktor der Aufständischen in Betracht kommen, eine ganz entscheidende Rolle spielt. Auf die Funktion der sogenannten Anlehnungsmacht hat schon Carl von Clausewitz in seinen 1810 und 1811 an der Kriegsschule in Berlin gehaltenen Vorlesungen über den Kleinen Krieg hingewiesen [27].

Zwar haben die arabischen Staaten seit dem Sechs-Tage-Krieg bei allen offiziellen Erklärungen zum Nahostkonflikt immer wieder auf die „Wiederherstellung der legitimen Rechte des palästinensischen Volkes" hingewiesen, doch ging die Förderung der Guerillas trotz aller verbalen, finanziellen, waffentechnischen Unterstützung niemals so weit, daß den Fedayin ein bestimmter Einfluß auf die innenpolitischen Entwicklungen in ihren Gastländern eingeräumt wurde. Die Vorgänge in Jordanien sind hierfür ein eindeutiger Beweis. Aber auch in anderen Staaten der arabischen Welt lassen sich ähnliche Erscheinungen feststellen. Syrien hält die Kommandos unter strenger Kontrolle; von Ägypten aus durften sie nur propagandistisch agieren. Im Libanon, wo die Guerillas heute noch den größten Aktionsradius besitzen, geraten sie immer wieder - wie die momentane Situation beweist - in die Auseinandersetzungen zwischen Christen und Moslems hinein, wodurch ihre Kampfkraft erheblich belastet wird. Und auch die geographische Lage der arabischen Ölstaaten zu Israel ist von sekundärer Bedeutung im Hinblick auf einen operativen Erfolg der von ihnen unterstützten Guerillaverbände.

Die Beziehungen der Sowjetunion und Chinas zur palästinensischen Widerstandsbewegung sind im Grund zwiespältig. Die UdSSR spielt die Karte der Palästinenser je nach internationaler Interessenlage. Eine konstante Haltung der Sowjets gegenüber den Fedayin ist nicht auszumachen, während die Volksrepublik China stets Solidaritätserklärungen abgegeben hat und auch Waffen schickte. Allerdings ist die Unterstützung aus Maos Reich bisher wenig effektiv gewesen [28]. Es bleibt daher festzuhalten: die Widerstandsgruppen der Palästinenser scheiterten nicht nur an Israel, sondern auch an den mehr oder weniger großen Schwierigkeiten, die ihnen ihre arabischen Gastländer bereiteten - eben jene Kräfte, die als potentielle Anlehnungsmächte in Frage kommen. Die machtpolitischen Interessen der arabischen Welt - und das beweist erneut die augenblickliche Politik Präsident Sadats - haben bei aller Unterstützung, die man den Fedayin gewährt, Priorität.

Die operative Schwäche zwang die Befreiungsorganisation fast vom Beginn ihres Kampfes an, ihre Aktionen von außen - von ihren Stützpunkten im Libanon, in Syrien und bis 1970/71 in Jordanien aus - in das Kampfgebiet hineinzutragen. Von diesen Ländern her sickerten sie in das eigentliche Partisanengebiet ein. Dort aber mußten sie sich als Fremde fühlen; ganz im Gegensatz zu den in diesen Regionen inzwischen etablierten Kräften der israelischen Konterguerilla. Auf Grund dieser Schwierigkeiten wurden die Fedayin auf die Dauer immer mehr von der arabischen Zivilbevölkerung abgeschnitten, mußten sich nach Anschlägen - wenn dazu überhaupt noch die Möglichkeit bestand - zurückziehen und konnten keine permanente Kontrolle über das Guerillagebiet ausüben. Vielmehr kontrollierte die Gegenseite, nämlich Israel, die Region und entzog den Kommandos Schritt für Schritt jede Möglichkeit, insurrektionelle Zonen aufzubauen. Aber gerade die „Guerillazonen" nehmen in der Lehre Mao Tse-tungs einen außerordentlichen Rang ein [29]). In diesem Gebietstyp spielt sich nach Mao der Kampf der Guerillas mit den feindlichen Streitkräften ab, und in dieser Region fällt letztlich auch die Entscheidung. Bezogen auf den nahöstlichen Kriegsschauplatz, lagen solche „Guerillazonen" jedoch stets außerhalb Israels und der okkupierten Gebiete - in Jordanien und im Libanon. Dort jedoch rangen und ringen die jeweils herrschenden Regime sowie konkurrierende Gruppen (Libanon) mit den Fedayin um die Macht und nicht der erklärte Gegner Israel.

In dieser Entwicklung liegt wohl ursächlich der Grund, warum die palästinensischen Kommandos mit zunehmender Erfolglosigkeit ihres Kleinkrieges zur Strategie des globalen Terrors griffen und ihre Aktivitäten ins Ausland verlegten, wo israelische Diplomaten, jüdische Institutionen aber auch unbeteiligte Personen aus diesen Drittländern Zielscheibe und Opfer dieser Eskalation der Gewalt wurden. Diese Ausdehnung des Guerillakrieges wurde vor allem durch die „Volksfront für die Befreiung Palästinas" und die Terrorkommandos des „Schwarzen September" getragen. Dabei fügten die Aktionen gegen die internationale Luftfahrt und die Verlagerung des Guerillakrieges in den Luftraum der bisher bekannten Praxis der Kleinkriegführung neue Komponenten hinzu [30]). Indem die Fedayin das eigentliche Aktionsfeld ihres Krieges verließen, versuchten die Kommandos, um in der Terminologie Maos zu bleiben, eine Art künstliches exterritoriales Guerillagebiet zu bilden [30]). Die ganze Welt sollte zum Schauplatz des palästinensischen Kampfes werden. Doch die Eskalation der Gewalt, der Export des Terrors in am Konflikt nicht beteiligte Länder, symbolisierte im Grunde nur das Abgleiten der Guerillas in den kriminellen Untergrund und war zugleich Ausdruck militärischer Ohnmacht gegenüber den Sicherheitsbehörden des Staates Israel. Zwar sollte der weltweite Terror nach der Interpretation der Palästinenser das Gewissen der Welt für das Schicksal des palästinensischen Volkes aufrütteln, doch verkehrte sich diese Absicht ins Gegenteil und diskreditierte ihr Anliegen und fügte dem gesamtarabischen Prestige schweren Schaden zu.

Am Vorabend des 4. Nahostkrieges waren militärisches Ansehen und moralische Kraft der Fedayin auf einem absoluten Tiefpunkt angelangt. In sechsjähriger Zwischenkriegszeit hatte sich die Unfähigkeit der palästinensischen Kommandos, Israel zu bedrohen und zur Aufgabe seiner Politik zu zwingen, deutlich herauskristallisiert. Die Aktionen der Guerillas in Nahost waren auf der untersten Ebene der Kleinkriegführung steckengeblieben: der Anwendung des Terrors. Mao Tse-tungs bekannte Drei-Phasen-Theorie für die Durchführung eines Aufstandes und eines revolutionären Krieges[32]), konnten die Fedayin nur im Bereich der sogenannten „hit-and-run"-Methode verwirklichen. Da die Palästinenser militärisch/operativ nicht in der Lage waren und sind, die ausschließliche Anwendung terroristischer Methoden abzulegen und z. B. harte Schläge gegen den Militärapparat Israels zu führen - wie es der Vietcong in Südvietnam gegen die Amerikaner vermochte - kann das palästinensische Widerstandsphänomen im Rahmen einer typologischen Einordnung dieses Guerillatyps nur in die Kategorie einer „Terror-Guerilla"eingestuft werden. Zur Anwendung terroristischer Gewalt greifen Guerillas jedoch nur dann: „... wenn ihnen andere Formen irregulärer Kriegführung mangels Anhängern und entsprechender Waffen nicht möglich sind ..., wenn die Guerillabewegung an Umfang und Stärke zunimmt, wird die Rolle des Terrors immer unwesentlicher ..."[33]). Auch dieser Satz, als kritischer Maßstab auf die palästinensischen Kommandos projiziert, gibt Antwort auf die Frage nach dem militärischen Zusammenbruch der Fedayin.

Wie begegnete nun Israel der Herausforderung durch die militanten Palästinenser?
Wie die Erfahrungswerte moderner Kleinkriege lehren, müssen die Überlegungen einer Konterguerilla nicht ausschließlich im militärischen Sektor verhaftet sein, sondern es bedarf vor allem wohlüberlegter Strategien für den zivilen Bereich. Ein Konzept, eroberte Gebiete zu befrieden oder -

das eigene staatliche Territorium vor Guerillaeinfällen zu schützen, muß daher eine Kombination militärischer, politischer, psychologischer, wirtschaftlicher und sozialer Komponenten anbieten, die ineinander greifen und deren enger Zusammenhang zu berücksichtigen ist.

Vor dem Hintergrund solcher Erkenntnisse setzten die Überlegungen Israels an, als dem Sieger des Sechs-Tage-Krieges durch den palästinensischen Widerstand eine veränderte militärische Perspektive aufgezwungen wurde.

Der Prozeß der „Pazifizierung" eines eroberten Gebietes ist sicherlich eine der schwierigsten Aufgaben jeder Besatzungsmacht, jedoch bei erfolgreicher Durchführung das beste Mittel, Guerillaaktivitäten schon im Keim zu ersticken. Primäres Anliegen einer „Pazifizierung" ist daher die Umwandlung einer aktiv feindlichen Bevölkerung in eine passiv gehorsame. Um dieses Ziel zu erreichen, können folgende Methoden angewandt werden:

— Eine möglichst schnelle Kontrolle über die besetzten und eroberten Gebiete
— Säuberung der Gebiete von feindlichen Widerstandsnestern
— Vorbeugende Überlegungen gegen Revolten, Störungen, Terror und Sabotage
— Ausreichende Kontrolle über die Zivilbevölkerung
— Herstellung friedlicher Zustände durch andere als nur militärische Autoritäten der Besatzungsmacht (z. B. im Verwaltungs-, Gesundheits- und Erziehungswesen); auch die Aufsicht über die Gebiete durch lokale Polizeieinheiten fiele hierunter [34]).

Besonders an diesem letzten Punkt setzten die Überlegungen der zuständigen Behörden in Israel an, was beweist, daß Politiker und Militärs rechtzeitig erkannt hatten, daß Repressionsmaßnahmen allein normalerweise nicht geeignet sind, die Wurzeln einer Aufstandsbewegung auszurotten [35]).

Bereits im Oktober 1967 erklärte der damalige Verteidigungsminister, Moshe Dayan, in einem Zeitungsinterview, die Möglichkeiten der Fedayin sollten zwar nicht unterschätzt werden, jedoch seien ihre Reden von einer Guerillakriegführung ähnlich der in Vietnam nicht ernstzunehmen. Guerillakrieg sei der Kampf eines eroberten Volkes gegen seine Eroberer. Wenn Israel aber eine vernünftige Politik praktiziere, indem es nicht wie ein Eroberer handle, könnten die Aktivitäten der Guerillas überwunden werden. Vernünftige Politik bedeute, eine israelische Einmischung in das Leben der arabischen Bevölkerung auf ein Minimum zu beschränken. Die Verwirklichung solcher Bedingungen würden die Voraussetzungen schaffen, daß ein großer Teil der

Bewohner der besetzten Gebiete die Aktionen der Fedayin ablehne [36]).

In dieser Äußerung wird zweierlei deutlich:

1. indem Dayan von „gewissen Möglichkeiten" der Guerillas sprach, enthüllte er, daß die Verantwortlichen in Israel, bei aller vorhin aufgezeigten Schwäche der Fedayin, vom ersten Auftauchen der Guerillas an diese niemals unterschätzt haben. In der Äußerung Dayans wird ein Grundzug moderner Guerillabekämpfung sichtbar: intensive Studien über den Gegner und eine subtile Analyse seines Verhaltens zählen heute zu den wichtigsten Voraussetzungen jeder Konterguerilla. Kleinkriegführung, namentlich auf der Seite der Antiguerilla, erfordert grundsätzlich eine psychische und physische Umorientierung für die Soldaten regulärer Truppenkontingente. Daher muß, will die konventionell ausgerichtete Truppe der Herausforderung einer Guerilla erfolgreich begegnen, ein Prozeß der Umwandlung einsetzen, der die bisherigen Grenzen streng traditioneller Gefechtsführung und Operationsmöglichkeiten sprengt. Dieses Postulat gilt umso mehr, weil ein Guerillakrieg „psychologische Einflüsse, politische Zielsetzungen, militärische Absichten" [37]) untrennbar miteinander verknüpft.

Israel ist dieser Forderung im Zusammenhang mit seiner Konterguerilla nachgekommen. Von der Ebene des Generalstabs bis hinunter zur untersten Ebene der Streitkräfte hat es stets ausführliche Auseinandersetzungen und Beschäftigung mit dem palästinensischen Terror gegeben; so daß jeder Soldat, nicht zuletzt auf Grund seiner psychologischen Schulung, dem Phänomen in Theorie und vor allem in der Praxis niemals unvorbereitet gegenübersteht [38]).

2. hatte Moshe Dayan frühzeitig erkannt, worauf eine effektive „counterinsurgency" abzuzielen hat: nämlich auf eine möglichst baldige Isolierung der Untergrundkämpfer von der Bevölkerung, deren Unterstützung der Guerilla ja in jedem Fall ausschlaggebend ist für Erfolg oder Niederlage.

Entsprechend dieser zuletzt genannten Beurteilung der Lage, basierten die israelischen Maßnahmen im politisch/administrativen Bereich schon kurze Zeit nach dem Junikrieg auf drei zentralen Punkten:

■ weitestgehende Reduzierung der militärischen Präsenz in den besetzten Gebieten.

■ der wirtschaftliche, soziale und verwaltungstechnische Sektor wurde größtenteils wieder den zuständigen arabischen Stellen anvertraut. Allerdings förderte Israel wohl die Infrastruktur der besetzten Gebiete nach Kräften, was sich in einer ständig wachsenden wirtschaftlichen Prosperität ausdrückte. Der volkswirtschaftliche Aufschwung durch die von Israel entwickelte und forcierte „Konsum-Strategie" lähmte mit zunehmender Dauer der israelischen Verwaltung immer mehr die Bereitschaft zum Widerstand in breiten Schichten der Bevölkerung - zuerst in der Westbank, später auch im Gazastreifen. Diese weitverbreitete Abneigung zur Kollaboration mit den Fedayin kulminierte schließlich in den beiden Jahren vor dem Yom-Kippur-Krieg in einer nahezu völligen Beruhigung der besetzten Zonen.

█ die vielleicht wichtigste Entscheidung der israelischen Behörden nach dem Krieg von 1967 war die „Politik der offenen Brücken", eine bis heute wohl beispiellose Aktion einer Besatzungsmacht. Der Plan stammte von Moshe Dayan und erlaubte es den Arabern bereits kurz nach Kriegsende, Nahrungsmittel aus Westjordanien über die Jordanbrücken nach Amman zu bringen und umgekehrt. Nach und nach lockerte Israel auch die Ein- und Ausreisegenehmigungen für den Personenverkehr, wonach ein reger Reiseverkehr arabischer Besucher in die besetzten Regionen und selbst in das israelische Kernland einsetzte.

Die wegen der Durchlässigkeit der Grenze befürchtete Steigerung der Guerillatätigkeit blieb als Ganzes aus. Dafür sorgten vor allem die an den Jordanbrücken getroffenen subtilen Sicherheitsmechanismen [39]). Vielmehr entpuppte sich die Politik der wirtschaftlichen und sozialen Verbindung mit dem nicht besetzten Teil Jordaniens über den Jordan hinweg als ein weiterer gelungener psychologischer Schachzug der israelischen Besatzungspolitik.

Sicherlich spielte bei der Öffnung der Jordanbrücken durch die Besatzungsmacht auch jener Gedanke eine Rolle, das durch die arabische Propaganda jahrzehntelang verzerrt dargestellte Israel-Bild etwas aufzuweichen und das Feindbild durch die Möglichkeit eines Besuches im jüdischen Staat ein wenig abzubauen. Inwieweit solche Vorstellungen von Erfolg gekrönt sind, läßt sich nur vermuten, bis heute jedoch noch nicht exakt feststellen. Allerdings dürfte die aufgezeigte israelische Politik ihre Wirkung in einer anderen Hinsicht nicht verfehlt haben. Im direkten Vergleich der von Israel praktizierten Herrschaft über das besetzte Gebiet westlich des Jordans mit jener bis 1967 ausgeübten Regierung König Husseins schnitten die Israelis in der Volksmeinung besser ab, wenngleich dieser Umstand auch nicht immer offen zugestanden wird. Aber gerade ein erbitterter Gegner Israels, der Führer der „Demokratischen Volksfront für die Befreiung Palästinas", Nayef Hawatmeh, erklärte in einem Interview mit der Beiruter Zeitung „An Nahar" auf die Frage nach den Gründen für die mangelnde revolutionäre Begeisterung bei der Bevölkerung Westjordaniens: „Die Menschen in der Westbank sagen, daß sie nicht bereit sind, zum Regime des jordanischen Sicherheitsdienstes zurückzukehren. Sie erinnern sich des diktatorischen, polizeistaatlichen Systems unter Muhamed Rassud al- Kilani. Indem sie sich dieser Tatsache voll bewußt sind, finden sie die israelische Verwaltung weniger tyrannisch und furchterregend als jene der jordanischen Sicherheitsbehörden" [40]).

Der militärische Mißerfolg der palästinensischen Kommandos ist jedoch primär auf die von der Armee Israels getroffenen Abwehr-Taktiken zurückzuführen. Die israelischen Streitkräfte vermochten die nach dem Juni-Krieg von 1967 ₁entstandene Situation in den folgenden Jahren umso besser zu meistern, weil Zahal, die heutige moderne Armee des jüdischen Staates, ihrer Herkunft nach ja aus dem Untergrund kommt und fast alle führenden Militärs und Politiker der Gegenwart vor der Staatsgründung selbst die Praxis des Guerillakrieges erfahren haben. Von ihrer Geburtsstunde im Jahre 1948 an begleitete die Armee Israels etwas von jenem Geist der Untergrundorganisation „Haganah" und ihrer Stoßtruppe, der „Palmach". Unter taktisch operativen Aspekten gaben die von den jüdischen Guerillaorganisationen überkommenen Traditionen und Erfahrungswerte des Kleinkrieges auch für den Kampf gegen die palästinensischen Kommandos die entscheidenden Impulse, vor allem im Sinne einer moralischen und psychologischen Stimulans, und erlaubten der Zahal - unter Einbeziehung modernerer kriegstechnischer Mittel als vor 40 Jahren - einen fast nahtlosen Übergang von der Ebene konventioneller Kriegführung und Gefechtstaktik nun wieder auf jene des Guerillakampfes, wie er zwischen Sechs-Tage-Krieg und Yom-Kippur-Krieg und danach zeitweise die militärische Szenerie im Nahen Osten beherrschte.

Um Strategie und Taktik der israelischen Streitkräfte gegen die Palästina-Guerillas von der Wurzel her besser begreifen zu können, muß daher der Blick noch einmal zurückgehen in die Zeit des jüdischen Untergrundkampfes. Es ist daran zu erinnern, daß die Taktik einer offensiven Gefechtsführung der Armee Israels bereits in den 30er Jahren ausgeprägt und erprobt wurde, wobei der britische Hauptmann und spätere General C. O. Wingate einen entscheidenden Einfluß ausübte [41]). Die von Wingate - einem glühenden Verehrer der zionistischen Idee - aufgestellten Spezialeinheiten aus Juden und Engländern, die sogenannten Special Night Squads, trugen damals zur Bekämpfung arabischer Banden und Guerillas den Kampf weit in das gegnerische Gebiet hinein [42]). Die Taktik Wingates formte einen erfolgreichen Stil der Vorwärtsverteidigung und gestaltete sich zu einer wirksam angewandten Methode der Anti-Guerilla-Kriegführung, die noch heute die Ausbildung der israelischen Armee stark beeinflußt [43]). Denn ein entscheidender

Zug der modernen Kriegsdoktrin Israels war immer - sieht man einmal von der besonderen Situation im Yom-Kippur-Krieg ab - die schnelle Verlegung des Krieges in Feindesland.

Die Aktionen gegen palästinensische Kommandos und die Strategie der Präventiv- und Vergeltungsschläge gegen Guerillabasen in arabischen Ländern seit dem Sechs-Tage-Krieg sind markante Belege für diese These im Bereich der Anti-Guerilla-Kriegführung Israels.

Militärisch bekämpft Israel die Guerillas mit konventionellen Mitteln, die allerdings der jeweiligen Lage angepaßt sind und deren Einsatz entsprechend modifiziert wird. Als Ganzes bestehen die Operationen aus dem Einsatz aller verfügbaren Waffengattungen. Aufgaben und Ziel bestimmen die jeweilige Kombination. Es gibt Einsätze von Luftwaffe, Artillerie- und Panzereinheiten zusammen mit der mechanisierten Infanterie ebenso wie einzelne Stoßtruppunternehmen, vor allem der Fallschirmjäger, gegen Guerillaansammlungen und Stützpunkte der Palästinenser. Auch die israelische Marine wird gelegentlich, insbesondere bei Aktionen gegen Fedayin-Basen im Libanon, in das taktische Konzept mit einbezogen.

Erfolgreiche Guerillabekämpfung erfordert neben dem Einsatz des waffentechnischen Potentials vor allem aber erhöhte Aufmerksamkeit im personellen Bereich. Dabei ist eine der wesentlichen Voraussetzungen der möglichst lange Einsatz gleicher Truppenteile und Verbände gegen Guerillas, da Erfahrungen und Kenntnisse über den Gegner sehr wertvoll sind. Neue, noch nicht im Kampf gegen subversive Kräfte erprobte Einheiten, müssen in ihrem taktischen Vorgehen in der Regel wieder von vorn beginnen [44]. Auch Israel, das zur Bekämpfung der Fedayin neben Berufssoldaten vor allem - entsprechend dem Milizcharakter seiner Streitkräfte - Wehrpflichtige heranzieht, löst diese Truppen nie vollständig auf und ersetzt sie durch neue Verbände; sondern man hat ein Rotationsprinzip entwickelt, so daß bei Konterguerilla-Operationen in einem Kommando stets ein gewisser Stamm erfahrener Soldaten steht, wodurch die Neuzugänge aufschlußreiche Hinweise über Verhaltensformen und Taktiken des palästinensischen Gegners erhalten [45].

An dieser Stelle gilt es mit Nachdruck darauf hinzuweisen, und auch dies ist eine Besonderheit der israelischen Konterguerilla-Konzeption, daß die häufig in Presse- und Illustriertenberichten hochstilisierten israelischen Sonder- und Spezialeinheiten zur Terrorbekämpfung nicht vorhanden sind. Jedenfalls nicht in dem Sinne, was Nahostexperten häufig darunter verstehen. Es gibt in der heutigen Armee Israels keine „Special Forces", wie sie die USA in Vietnam einsetzten und keine GSG 9, wie sie beispielsweise der Bundesgrenzschutz besitzt.

Anti-Guerilla-Raids der israelischen Streitkräfte werden in der Regel von „normalen" Armeeinheiten ausgeführt, die natürlich auf ihren Einsatz taktisch und psychologisch vorbereitet sind. Diese Vorbereitung geschieht im Rahmen der regulären Ausbildung und mit größerer Intensität in jenen Verbänden, die in gefährdeten Grenzsektoren stehen. Spezialeinheiten wie die einstmals - in den 50er Jahren - berühmte Einheit 101 unter ihrem Kommandeur „Arik" Scharon existieren in Zahal heute nicht mehr.

Allerdings besitzt die israelische Armee wohl sogenannte „scout platoons", Aufklärungseinheiten, die jeder Brigade zugeordnet sind. Diese Truppenteile sind von der Motivation und ihrer Ausbildung her für Operationen gegen Guerillas besonders qualifiziert und werden dementsprechend auch bevorzugt eingesetzt. Wenn wir also von israelischen Sonderkommandos überhaupt sprechen wollen, so müßte die genaue Bezeichnung exakt mit „Aufklärungseinheiten" wiedergegeben werden [46]). Angehörige der Fallschirmtruppe und der mechanisierten Infanterie zählen in erster Linie zu solchen Einheiten.

Wie ernst in Israel die Auswahl qualifizierter und entsprechend stimulierter Soldaten für die Guerillabekämpfung genommen wird, mag ein Beispiel verdeutlichen: drusische Mitglieder der Zahal, also Anhörige jener Religionsgemeinschaft, die sich schon im 10. Jahrhundert vom Islam gelöst hat, und die nach bitteren Erfahrungen in den arabischen Ländern in Israel zum erstenmal volle Gleichberechtigung und religiöse Freiheit erhielt, werden vorwiegend im Norden des Landes, an den Grenzen zum Libanon und nach Syrien stationiert. Das geschieht aus zweierlei Gründen:

■ einmal wohnen die meisten Drusen im Norden Israels, im Galil

■ zum anderen kennen sie, da ethnisch zur arabischen Völkerfamilie zählend, die Gewohnheiten, die Psyche und Mentalität der Araber genau und sind von daher prädestiniert für Aufklärungs- und Patrouillenaufgaben entlang den gefährdeten Grenzabschnitten. Gerade im Kampf gegen palästinensische Guerillas haben drusische Einheiten sich bewährt. So zählen die Drusen beispielsweise zu den besten Spurenlesern innerhalb der Zahal, was für die Entdeckung eingesickerter Fedayin ungeheuer wichtig ist [47]).

Das Vermögen, taktisches Geschick zu entwickeln, Anpassung an die jeweilige Lage, der richtige und flexible Einsatz von Menschen und Material sind die entscheidenden Faktoren israelischer „counterinsurgency". Darin liegt ihr Erfolg und nicht in geheimnisumwitterten „James-Bond-Kommandos". Dieses Phänomen einer Konterguerilla ohne „Special Forces", wie man es bezeichnen könnte, ist eine weitgehend neue Erscheinung moderner Guerillabekämpfung und beweist, daß auch hochtechnisierte, für den Anti-Guerilla-Krieg im Grunde zu schwerfällige Armeen bei entsprechend veränderter Taktik, unter einer beweglichen Führung Erfolge gegen Guerillas erzielen können. Gemäß diesen Fähigkeiten, setzte denn auch Israel den gesamten technischen Apparat einer modernen Streitmacht gegen die Fedayin ein.

Erfolgversprechende Guerillabekämpfung erfordert größere Beweglichkeit, als sie Partisanen besitzen. Dieses Ziel kann nur mit dem Einsatz von Hubschraubern erreicht werden [48]. Das große Experimentierfeld Südvietnam brachte wohl endgültig den Durchbruch des Helikopters innerhalb einer militärischen Gesamtplanung, und sein Stellenwert, seine Möglichkeiten, aber auch seine Grenzen im Spektrum des Kriegsbildes unserer Tage wurden auf allen Ebenen und in voller Breite sichtbar [49]. Es darf heute davon ausgegangen werden, daß jene Länder, die den Problemen eines Kleinkrieges, des Terrors oder anderen kriminellen Vorgängen auf ihrem Territorium begegnen müssen, bei der Bekämpfung dieser Phänomene den taktischen Hubschraubereinsatz in einem genau abgesteckten Rahmen in ihr Konzept einbauen. Ganz besonders gilt dies für das operative Vorgehen von Regierungstruppen, also regulären Streitkräften, bei ihren Aktionen gegen Aufständische einer sogenannten Land-Guerilla. Dabei hat der Helikopter zunächst einmal die vornehmste Aufgabe, einsatzbereite Stoßtrupps oder auch größere Truppenkontingente in die Kampfzonen einzufliegen, um den Soldaten kräftezehrende Fußmärsche durch unwegsames Gebiet oder - wenn die geographischen Verhältnisse es erlauben - längere Fahrten auf Armeefahrzeugen zu ersparen [50]. Verfügen Guerillas nicht über ausreichenden Luftschutz und wirksame Flugabwehrwaffen, sind sie durch solche aus der Luft angreifenden Einheiten einer Konterguerilla in starkem Maße gefährdet. Das hat sich besonders im Nahen Osten gezeigt, wo die palästinensischen Freischärler zwischen 1967 bis 1973 keine Raketen und Abwehrwaffen gegen Helikopter der Israelis zum Einsatz brachten. Entweder waren diese Gegenmittel nicht in ihrem Besitz oder taktisch-operatives Unvermögen verhinderte deren Gebrauch. Die grundsätzlichen Schwierigkeiten einer Untergrundarmee, Sonderkommandos oder reguläre Truppenteile einer Anti-Guerilla, die mit Hubschraubern zum Einsatz geflogen werden, anzugreifen, bestehen für die Guerillas vor allem in der Tatsache, daß der Gegner häufig Luftlandeoperationen in Verbindung mit anderen Einheiten, die am Boden vorgehen, durchführt. Die Verzahnung von Luft- und

Bodenoperationen ist daher das effektivste Mittel einer erfolgversprechenden Guerillabekämpfung durch reguläre Armeen. Besonders im offenen Gelände sind Partisanen gegen Aktionen aus der Luft anfällig, da ja die geographischen Bedingungen zu den engsten Verbündeten der Widerstandskämpfer zählen [51]).

Übertragen auf die Verhältnisse der nahöstlichen Szene, lassen sich aus diesen Erkenntnissen weitere Schlüsse über die israelische Konterguerilla ziehen. Während des Sechs-Tage-Krieges trat Israel durch den Einsatz luftmobiler Einheiten als erster Kleinstaat in den Kreis jener Mächte ein, die Hubschrauber zu operativen Zwecken in größerem Umfang einsetzten [52]). Die hier gesammelten Erfahrungen kamen der Zahal auch im Gesamtzusammenhang ihrer Taktik zur Bekämpfung palästinensischer Kommandos zugute. Bei der Entwicklung und Planung luftmobiler Kriegführung mittels Helikopter in Israel darf davon ausgegangen werden, daß die Eindrücke Moshe Dayans während einer Besuchsreise nach Südvietnam im Jahre 1966 in die Überlegungen der Militärs eingeflossen sind [53]). Die Armee Israels setzt im Kampf gegen arabische Freischärler Kampf- und Transporthubschrauber ein. Mit diesem modernen Kriegsgerät werden Fallschirmjäger oder andere Truppenteile in kürzester Zeit in die Nähe eingesickerter Guerillagruppen geflogen, um sie gefangenzunehmen oder zu vernichten. Die aus der Luft abgesetzte Anzahl an Soldaten betrug dabei oft nur 8 bis 12 Leute, was genau jenem Konzept entsprach, was Israel zur Abwehr der Subversion entwickelt hatte: Entsprechend der Größe der Fedayin-Gruppen nicht immer große Truppenkontingente einzusetzen, sondern in sinnvoller Umkehrung des von den Guerillas verfolgten Prinzips, ebenfalls kleinere Kader zu deren Bekämpfung heranzuziehen. Häufig wurden auch flüchtende Guerillas von Hubschraubern direkt verfolgt und aus der Luft von den Patrouillen gestellt und angegriffen. Operationen luftmobiler Einheiten der Zahal korrespondieren dabei jedoch in jedem Fall mit mobilen Patrouillen auf dem Boden. Aus dem Einsatz des Hubschraubers gegen Guerillas im nahöstlichen Kleinkrieg ergibt sich für die Anwendung dieses mobilen Gefechtsmittels noch ein weiterer Schluß: die Armeeführung in Israel bediente sich des Helikopters zur Guerillabekämpfung in begrenzterem Umfang verglichen mit jener Dimension, die die Verwendung des Drehflüglers beim Kampf der Amerikaner gegen den Vietcong erreichte. Die Gründe hierfür liegen in den spezifischen geostrategischen Verhältnissen des nahöstlichen Gefechtsfeldes. Im Unterschied zu Vietnam bietet sich für die Anti-Guerilla im Vorderen Orient die Operationsbasis überschaubarer dar. Die geographische Dimension ist hier

„enger" und geschlossener als sie in Südvietnam für die Truppen der USA gegeben war. Das hatte in Israel zur Folge, daß bei Aktionen gegen Fedayin häufig auf den Gebrauch des Hubschraubers verzichtet werden konnte. Das Kampfterrain ist weitgehend mit einem Netz guter Straßen überzogen, asphaltierte Patrouillenwege ziehen sich an den Grenzen entlang, so daß Halbkettenfahrzeuge und Schützenpanzer der israelischen Armee mit aufgesessener Infanterie und Fallschirmjägern ihre Beweglichkeit voll ausnutzen und bei Einsätzen gut vorankommen konnten. Dies ermöglichte in vielen Fällen eine direkte Bekämpfung palästinensischer Gruppen [54]. Die einzige Region des Landes, wo sich die Verhältnisse für die Guerillas geographisch günstiger gestalten, ist der Norden Israels mit seinen Hügeln, Wäldern und Tälern, wohingegen der Mittel- und Südabschnitt von der Landschaftsstruktur her weniger geeignet für einen Kleinkrieg ist.

Durch den modifizierten und der jeweiligen Lage angepaßten Einsatz des Hubschraubers bewies die Armee Israels gleichzeitig ihre richtige Einschätzung der Verhältnismäßigkeit der kriegerischen Mittel und bestätigt dadurch in fast klassischer Weise die Überlegungen des preußischen Kriegsphilosophen Carl von Clausewitz, wenn dieser über die Mittel, die der Kriegführende aufzubieten hat, schreibt, daß sie „sich nach den ganz individuellen Zügen seiner Lage richten" müßten und „den allgemeinen Forderungen, welche aus der Natur des Krieges gezogen werden müssen, unterworfen bleiben" [55].

Aber nicht nur am Einsatz des Helikopters gegen palästinensische Kommandos läßt sich die variable Gefechtstaktik der Zahal ablesen.

Als in der ersten Phase der Auseinandersetzung (etwa von 1967 bis 1969/70) die Zwischenfälle noch den fast täglichen Einsatz der Armee gegen die Fedayin erforderten, setzten die Israelis häufig auch einzelne Tanks gegen Guerillas ein, die den Gegner unter direkten Beschuß nahmen, also gleichsam als Artillerie „auf kurzer Distanz arbeiteten" [56]. Sicherlich ein interessanter und neuartiger Versuch moderner Guerillabekämpfung. Diese Taktik wurde dann später ergänzt bzw. ersetzt durch eine enge Zusammenarbeit der Feldartillerie mit der israelischen Luftwaffe, wobei auch bei diesem Zusammenspiel der beiden Waffengattungen neue taktische Spielregeln zu erkennen waren, die den Meinungen der Lehrbücher widersprachen. Nicht der anfliegende Jagdbomber signalisiert das Ziel für die Batterie, sondern die schon eingeschossenen Geschütze geben „Richtschüsse auf die Ziele ab" [57], die dann von der Luftwaffe vernichtet werden sollen. Flugzeuge wurden somit also von Fall zu Fall gegen kleine Guerillagruppen eingesetzt, die durch die Artillerie solange in ihren Positionen niedergehalten wurden, bis die herbeigerufenen Maschinen der Luftstreitkräfte eingetroffen waren. Häufig gelang es auch der Artillerie, einen „Sperrgürtel" um eingedrungene Kommandos der Palästinenser zu legen, aus dem sie nicht ausbrechen konnten. Durch diese Einkreisung wurde dann den Bodentruppen ein sicheres Aufspüren und eine erfolgreiche Bekämpfung erleichtert.

Aber nicht nur Aktionen der israelischen Streitkräfte prägen das Bild der Konterguerilla, sondern auch verschiedene „technische" Sicherheitsbarrieren und taktische Maßnahmen, die das Militär an den Grenzen zu den arabischen Staaten errichtete. Im einzelnen trafen die israelischen Behörden folgende Vorkehrungen:

— Den gesamten Jordan entlang wurden mehrere parallel zueinander verlaufende Stacheldrahtzäune installiert, die zum Teil elektronisch gesichert sind. Diese Pufferzone verlief anfangs vom Bethsan-Tal im Norden bis hinunter nach Jericho am Roten Meer. Nach und nach verlängerte man diesen Sicherheitsgürtel bis hin zum nördlichen Zipfel des Landes am Hermon-Massiv und zog ihn im Süden durch bis hinunter nach Eilat. Auch der Grenzabschnitt zum Libanon wurde auf ähnliche Weise gesichert.

— Das ganze Abwehrsystem wird ergänzt durch verschiedene elektronische Warnvorrichtungen und Radaranlagen.

— Staubige Straßen und Sandwege entlang den Grenzen werden mit Stacheldrahtrollen „gekehrt", um Fußspuren von Infiltranten besser entdecken zu können. Im Morgengrauen werden Militärpatrouillen zu Fuß oder mit Jeeps zur Kontrolle dieses Sicherheitsstreifens eingesetzt, denn parallel zu diesen Sandstreifen verlaufen die asphaltierten Patrouillenwege.

— Dünne Plastikschnüre werden an gefährdeten Stellen verlegt, die zusammengebundene Minen zur Explosion bringen, wenn jemand die Schnur berührt.

— Zwischen den Sicherheitszäunen verlegte die israelische Armee konzentrierte Minenfelder.

— Infanteristen zu Fuß oder motorisierte Streifen im Jeep oder in Halbkettenfahrzeugen führen regelmäßige und unregelmäßige Patrouillen entlang den gesamten Waffenstillstandslinien durch.

— Hinterhalte werden an den vermuteten Schwerpunkten der Guerillaaktivität angelegt.

— In den gefährdeten Grenzgebieten, im Jordantal, an der libanesischen und syrischen Grenze sowie im Gaza-Streifen wurden alle strategisch wichtigen Wege und

Straßen asphaltiert, um dem Gegner die Möglichkeit zu nehmen, Minen zu legen. Außerdem kann die israelische Armee so schneller und sicherer ihre Patrouillenfahrten durchführen.

— Seit dem Junikrieg von 1967 hat Israel das besetzte Gebiet mit einer Kette von Wehrdörfern überzogen, deren wehrgeographische Lage allein schon ein Beweis dafür ist, daß mit ihrer Gründung auch ein klares strategisches und taktisches Konzept, auch zur Abwehr von Guerillas, verbunden ist [58]).

— Alle erwähnten Maßnahmen der Armee korrespondieren stets mit Vorkehrungen der Grenzpolizei, den normalen Polizeieinheiten des Landes und den Aktivitäten der seit 1974 wieder verstärkt ins Leben gerufenen Bürgerwehr, dem Zivilschutz.

Ein weiteres notwendiges Element einer Konterguerilla sind Aktionen gegen die Zivilbevölkerung im besetzten Gebiet. Hierbei fällt der Besatzungsmacht die schwierige Aufgabe zu, entsprechend abgestufte Kontrollmechanismen aufzubauen, um den Widerstand der Gegenseite nicht noch zu verstärken. Überraschend durchgeführte Kontrollen der Zivilbevölkerung, Überwachung des Zivilverkehrs, Straßensperren sowie das Durchkämmen von Häuserblocks nach vorangegangenen Anschlägen oder als Vorbeugemaßnahmen gegen möglich Untergrundzellen bestimmen den Alltag der israelischen Armee in den okkupierten Gebieten. Sympathisanten, aktive Förderer und Mitglieder der palästinensischen Widerstandsbewegung müssen bei ihrer Entdeckung die Sprengung ihrer Häuser einkalkulieren. Gefangene Fedayin erhalten zum Teil drakonische Haftstrafen. Alle diese Maßnahmen sprechen sich in der Bevölkerung des Besatzungsgebietes herum, dämpfen den Kollaborationswillen und sind wirkungsvoller, als es die Anwendung der Todesstrafe gegen Terroristen gewesen wäre [59]).

Eine der wichtigsten Voraussetzungen, vielleicht sogar die wichtigste, jeder Konterguerilla ist ein gut funktionierender Nachrichtendienst. Israels Geheimdienste leisten bei den Operationen gegen Guerillas den Streitkräften wertvolle Hilfe, wodurch es den Besatzern in den meisten Fällen sehr schnell gelingt, Widerstandsnester auszuheben und zu zerschlagen. Unmittelbar nach den ersten Anzeichen einer Guerillatätigkeit durch die Palästinenser, begannen die Agenten der israelischen Abwehr- und Aufklärungsdienste ihre Netze über die besetzten Gebiete zu spannen. Ihre bereits früher geknüpften Verbindungen und Kontaktstellen in den arabischen Ländern leisteten dabei effektive Hilfe. Häufig erreichen die israelischen Agenten auch ohne großen Aufwand ihr Ziel. Die oft sehr ausgeprägte „Sprechbereitschaft" des einfachen Arabers führt dazu, daß sozusagen „auf der Straße" den Sicherheitsbehörden entscheidende Hinweise gegeben werden. Auch die Bereitschaft vieler gefangener Fedayin, detaillierte Aussagen zu machen, half den Nachrichtendiensten Israels. Im Kontext einer Konterguerilla gewinnen diese Vorgänge einen besonderen Stellenwert, zumal der am wenigsten aufwendige Weg einer Guerillabekämpfung „die Sammlung und Auswertung von Aufklärungsnachrichten ist, die es ermöglichen, Saboteure abzufangen, bevor sie ihren Auftrag ausführen" [60]. Einen glänzenden Beweis ihrer nachrichtendienstlichen Tätigkeit gegen die Fedayin lieferten die Israelis durch ihre Operation gegen die Kommandozentrale der Fatah mitten in der libanesischen Hauptstadt Beirut am 10. April 1973. In einem waghalsigen Unternehmen drang ein israelisches Kommando in die Appartements von drei Guerilla-Führern ein und liquidierte sie zusammen mit ihren Leibwächtern [61]. Gerade die Beiruter Expedition demonstriert, ein wie bedeutendes Instrument die Nachrichtendienste Israels im Kampf gegen den palästinensischen Untergrund darstellen. Durch das mit vorzüglicher Ortskenntnis und bestechender Präzision ausgeführte Unternehmen in Beirut wurde wohl erneut die These bestätigt, daß die palästinensischen Organisationen bis in ihre Spitzen vom Mossad, dem militärischen Nachrichtendienst Israels, durchsetzt sind [62].

Daß Geheimdienste auch Fehlschläge erleiden - auch die Israelis - sollte an dieser Stelle jedoch nicht verschwiegen werden. So zählt zu den schwersten psychologischen Schocks der israelischen Abwehr im Kampf gegen den palästinensischen Terror sicherlich jener Anschlag auf den Zug mit jüdischen Emigranten von Moskau nach Wien, acht Tage vor Ausbruch des Oktoberkrieges [63]. Der Schock saß damals besonders tief, weil es den Terroristen gelang, vom österreichischen Bundeskanzler Kreisky im Austausch gegen die vier gekidnappten Geiseln die Zusage zu erpressen, das Durchgangslager Schönau, in der Nähe von Wien, für jüdische Emigranten aus der Sowjetunion zu schließen. Aber im ganzen zahlt sich die Arbeit der israelischen Nachrichtendienste positiv aus, das gilt vor allem für die Aufklärung in den besetzten Gebieten der Westbank und im Gazastreifen, auf deren besondere Situation in Verbindung mit dem palästinensischen Widerstand im folgenden kurz eingegangen werden soll.

Analysiert man die Verhältnisse im Westjordanland etwas näher, so fällt neben den militärischen und wirtschaftlichen Kriterien ein anderer wesentlicher Faktor ins Gewicht, der die Politik Israels in diesem Besatzungssektor begünstigte: er liegt im Sozialgefüge dieses Gebietes. Trotz der gesellschaftspolitischen Atomisierung Westjordaniens fanden die Israelis hier zum Teil in den Familienoberhäuptern der führenden Clans und Sippen geeignete und bereite „Sprachrohre", über die eine Kommunikation zur Bevölkerung hergestellt werden konnte, zumal den Ältesten der arabischen Städte und Dörfer mit zunehmender Dauer der Besatzungszeit immer mehr an einer friedlichen Atmosphäre gelegen war. Diese Haltung war zwar nicht von dem Wunsche getragen, Israel zu helfen oder etwa die Animosität gegenüber dem Feind plötzlich schwinden zu lassen, sondern von der Einsicht bestimmt, daß es unmöglich sei, durch einen Guerillakrieg jene Ziele zu erreichen, die selbst den regulären arabischen Armeen im Jahre 1967 versagt geblieben waren. Außerdem fühlten die verantwortlichen Kreise in Westjordanien wohl die Verpflichtung, die zivile Ordnung aufrechtzuerhalten, um der Besatzungsmacht nicht den Vorwand zu liefern, die eingesessene Bevölkerung zu evakuieren und ihr Land zu annektieren [64]). Diese Entwicklung erschwerte andererseits den Fedayin auf Dauer immer stärker die Kontaktknüpfung zur Bevölkerung. Das „Wasser", um im Bild Maos zu bleiben, stieß den „Fisch" ab.

Im Gegensatz zur Situation in der Westbank gestaltete sich die Lage der palästinensischen Kommandos im Gazastreifen zunächst besser, was mit den besonderen geographischen und demographischen Verhältnissen in diesem Landstrich zusammenhängt. Die Bevölkerung in Gaza und Umgebung ist ärmer als jene in der Westbank und die meisten leben in den acht großen Flüchtlingslagern. Entsprechend der Sozialstruktur des Gebietes ist es erklärbar, daß viele Menschen hier zunächst zu enthusiastischen Anhängern der palästinensischen Guerillas wurden. Der Widerstandsaufruf der Fedayin an die Bevölkerung hatte zahlreiche Anschläge zur Folge. Bis zum Jahre 1971 waren die Stadt Gaza und der Gazastreifen das unruhigste Besatzungsgebiet, und fast täglich kam es zu Zusammenstößen zwischen Guerillas und Patrouillen der Zahal; Handgranaten explodierten, Attentate und Anschläge bestimmten die Szene. Allerdings trafen dabei die Freischärler häufig weniger die Soldaten der Israelis, als vielmehr die arabische Bevölkerung, auch Frauen und Kinder [65]).

Seit August 1971 trat dann im Gazastreifen eine spürbare Ruhe ein; Widerstand flackerte nur noch vereinzelt auf. Die Gründe für die Entwicklung lagen auf beiden Seiten: die Araber waren des Blutvergießens durch die eigenen Leute überdrüssig. Ferner verfehlte der Verlust der Hauptbasis Jordanien im September 1970 und im Sommer des folgenden Jahres nicht seine Auswirkungen auf die Guerillatätigkeit im Gazastreifen. Auch der von Israel eingeleitete massive wirtschaftliche Aufschwung und die Verbesserung der Infrastruktur in diesem Gebiet müssen bei dem um sich greifenden Prozeß der Ablehnung der Fedayin durch die Bewohner mit berücksichtigt werden. Neben den mehr volkswirtschaftlichen Komponenten kamen im Gazastreifen aber vor allem die militärische Wachsamkeit der israelischen Armee und die von ihr speziell auf diesen Landstrich und die Stadt Gaza zugeschnittenen Methoden der Anti-Guerilla-Taktik zur Wirkung.

So legte Zahal quer durch die engen Flüchtlingslager, in denen die bevorzugten Schlupfwinkel der Guerillas lagen, breite Straßen an, um bei militärischen Operationen einen möglichst raschen Einsatz der Armeefahrzeuge zu gewährleisten. Diese Aktion war der erste erfolgreiche Schritt der Israelis, um Terror und Gewalt im Gaza-Streifen zu brechen. Die weitere Taktik der Besatzungsmacht lief darauf hinaus, die Guerillas täglich mit einer neuen Lage zu konfrontieren. Nach und nach gaben die israelischen Streitkräfte die militärische Routine auf und praktizierten ein äußerst mobiles System von ständigen Streifen und Kontrollen. Die Einheiten der Armee begnügten sich nicht mehr mit einer festen Position in den Flüchtlingslagern und an wichtigen Plätzen in Gaza und Umgebung, sondern patrouillierten permanent durch alle Winkel des gesamten Gebietes. Das hatte zur Folge, daß die Fedayin niemals genau wußten wann, wo und wie sie überrascht werden konnten. Im Laufe der Zeit kannten die israelischen Truppen jeden Durchgang und jede Straße ebenso gut wie die arabische Bevölkerung.

Eine weitere außerordentlich effektive taktische Variante wurde für das Aufspüren palästinensischer Kommandos im Gazastreifen, besonders in der Anfangsphase der Auseinandersetzung, erprobt. Die großen Obstplantagen, die sich von Gaza-Stadt beiderseits der Hauptstraße in Richtung El Arisch hinziehen, waren bevorzugte Verstecke der Guerillas. Dort konnten sie sich oft tagelang verbergen, ohne entdeckt zu werden. Im Gegenzug legte die israelische Armee dann kleine Einheiten, in einer Stärke von 4 bis 5 Soldaten in diese Plantagen hinein. Die Kader waren durch Funksprechverkehr aneinander gekoppelt. Diese taktische Anpassung an die Methoden des Gegners erlaubte es dann den qualifizierten israelischen Streitkräften sehr schnell, die Guerillas in ihren Nestern aufzuspüren und auszuschalten. Der Plan für dieses Vorgehen, den Guerilla mit seiner eigenen Taktik zu überraschen und anzugreifen, stammte von „Arik" Scharon, als er noch Kommandeur der Südfront war.

Überschauen wir die Geschichte der palästinensischen Kommandos in den Gebieten Westjordaniens und des Gazastreifens seit dem Sechs-Tage-Krieg bis zur Gegenwart noch einmal als Ganzes, so liegt ihr militärischer Zusammenbruch unter anderem auch in der Fehleinschätzung des spezifisch arabischen Sozialgefüges und in einer falschen Interpretation der tradierten Denkungsart der dort lebenden Araber. Guerillakampf setzt vor allem Rücksichtnahme und den richtigen Bezug zum sozialen und politischen Bewußtsein der zu „befreienden" Bevölkerung voraus. Solche Bedingungen konnten die palästinensischen Organisationen nicht schaffen, was dazu beitrug, daß ihre Forderungen und Parolen im großen und ganzen in einem Vakuum standen, zumal die arabischen Bewohner nicht in profunder Weise auf die Aktivitäten der Guerillas vorbereitet waren. Was also „Foco"-Modell beispielsweise in Kuba - natürlich unter anderen gesellschaftspolitischen Verhältnissen - möglich war und Erfolg brachte, scheiterte im Nahen Osten weitgehend, wodurch wieder einmal der Beweis erbracht ist, daß ein Guerillakrieg nicht wahllos adaptiert werden kann. Es gibt kein Idealmuster für einen Guerillakampf und die revolutionäre Bewegung eines Volkes.

Ein weiteres Dilemma des palästinensischen Widerstandes wird durch die Gesamtstruktur der heutigen arabischen Gesellschaft mit ihrem immer noch stark ausgeprägten patriarchalischen Denken offenbart. Die gesellschaftspolitische Ordnung in der arabischen Welt, gerade in den breiten und ärmeren Volksschichten, ist weitgehend noch von der zentralen Rolle der Großfamilie und der einzelnen Clans bestimmt. In diesem System wird dem einzelnen ein fester Platz zugeordnet, der es ihm häufig genug erschwert, die engen Bande abzulegen und sich dem Einfluß seiner Sippe zu entziehen. Von daher erweist sich die arabische Gesellschaft weitgehend als unfähig, nach überwölbenden politischen Konzepten zu handeln. Diese Tatsachen bedingten, daß die palästinensischen Organisationen sehr oft nicht den geeigneten Nährboden und bereitwillige Adressaten für ihre Zielsetzungen fanden. Lautstarke verbale Sympathieerklärungen für die Kommandos dürfen hier den Blick für die wirkliche Situation, erst recht in Bezug auf den geplanten Kleinkrieg gegen Israel, nicht trüben. Zwar verließen manche Fedayin den Boden alt-islamischer Tradition, brachen aus dem geschlossenen Verband der Familie aus und suchten einen gesellschaftspolitischen Strukturwandel einzuleiten. Statt überkommener familiärer Ordnungen sollten die Zellen und Kader der Kommandos den Hort einer neuen Lebensgemeinschaft bilden. Auf derart radikale Emanzipationsbestrebungen ist jedoch die arabische Gesellschaft, ebenso wie der einzelne, noch nicht vorbereitet. Auch für eine solche Situation im Sinne eines Guerillakrieges gibt es historische Beispiele: „Che Guevara gab nach sechs Monaten seinen Versuch auf, eine Partisanenbewegung im ehemals belgischen Kongo zu organisieren, weil dort", wie er später sagte, „das Menschenmaterial nicht geeignet war" [66]).

Fassen wir die bisher dargestellten Strukturen der Konterguerilla Israels noch einmal zusammen, so entsteht folgendes Bild: im ganzen präsentiert sich die israelische Strategie und Taktik gegen die palästinensischen Kommandos als eine geschickte Kombination mehrerer Komponenten. Entscheidend für den Erfolg der Israelis dürfte dabei nicht nur der militärische Faktor sein, obgleich er optisch am stärksten hervortritt. Politische, wirtschaftliche, soziale und psychologische Praktiken haben vielleicht noch stärker mit dazu beigetragen, den von den Fedayin geplanten Guerilla- und Volksbefreiungskampf stufenweise zu paralysieren.

So lassen sich denn am israelischen Typ einer Konterguerilla die Grundzüge wirksamer Guerillabekämpfung exakt erkennen. Israel gibt ein Beispiel dafür, daß die zu den Voraussetzungen für Erfolge einer Guerilla zählende richtige Abstimmung von Zweck, Ziel und Mittel auch im Sinne einer Antiguerilla Anwendung finden kann. Die angemessene Relation von Zweck, Ziel und Mittel gilt also sowohl für den Kleinkrieg wie auch für seine Bekämpfung, wobei dem Gegner der Guerilla die besondere Aufgabe erwächst, die Formen des Untergrundes nicht einfach zu übernehmen und mit umgekehrten Vorzeichen anzuwenden, sondern stets seinen eigenen Stil zu finden.

Im Kampf gegen den palästinensischen Terror, aber auch für die Auseinandersetzung mit den arabischen Staaten schöpft Israel allerdings auch noch aus einer anderen Quelle Kraft und Einsatzbereitschaft. Die frühere Ministerpräsidentin, Golda Meir, unterstrich das in einem Interview, als sie sagte: „Wir sind in unsere Heimat zurückgekehrt. Wir beabsichtigen hier zu bleiben und werden dafür bis zum Tod kämpfen. Wir werden gewinnen, weil wir eine geheime Waffe haben: wir haben keine Alternative" [67]). Dieser Ausspruch läßt erneut die tiefe Verbundenheit der Juden der Neuzeit, der israelischen Staatsbürger, mit den Quellen der jüdischen Geschichte erkennen. Demnach wird die Psyche des Soldaten in der heutigen Armee Israels und seine Motivierung nicht ausschließlich von den Geschehnissen der Gegenwart geprägt, sondern von der Erfüllung eines Traumes der 4 000jährigen Geschichte der Juden. Indem durch die Staatswerdung des neuzeitlichen Israel sich die Hoffnungen des jüdischen Volkes auf einen eigenen Staat verwirklicht haben und es nun gilt, dieses gefährdete Gemeinwesen gegen Bedrohung von außen zu verteidigen, wird aus diesem historischen Bewußtsein jene Kraft gezogen, die den Soldaten in der Verteidigungsarmee Israels die durch nichts zu ersetzende und innerhalb der modernen Armeen des 20. Jahrhunderts wohl einmalige Stimulanz verleiht. Hier stoßen wir wieder im Sinne unseres Themas an den Kern der israelischen Erfolge, denn ausschlaggebend für den Sieg einer Konterguerilla ist trotz aller technischen und elektronischen Gegenmittel ihre moralische und geistige Kraft. Die Entwicklungen in Vietnam können auch für diesen Aspekt einer Guerillakriegführung und ihrer Abwehr als Beispiel herangezogen werden.

Der Yom-Kippur-Krieg im Oktober 1973 hat die politische und militärische Landschaft im Nahen Osten verändert. Die Guerillakommandos spielten während des dreiwöchigen Ringens auf den Schlachtfeldern am Golan und im Sinai nur eine Statistenrolle und konnten in keiner Phase der Entwicklung einen bestimmenden Einfluß auf die Ereignisse geltend machen, was nachdrücklich durch die bemerkenswerte Ruhe in den besetzten Gebieten während der Kriegswochen bestätigt wurde.

Auch die von den klassischen Lehrmeistern der Kleinkriegführung, wie Clausewitz, Engels, Lenin, Mao Tse-tung und Giap geforderte Umwandlung der Guerillakommandos in reguläre Truppenverbände sowie deren anschließende Teilnahme an den offen geführten Feldschlachten vollzog sich bei Ausbruch des vierten Nahostkrieges und während seines Verlaufs nicht. Die Fedayin waren nicht in der Lage, die Voraussetzungen für eine Integration des Kleinen in den Großen Krieg herzustellen. Eine Kombination beider Kriegsformen - auch das ist in Südvietnam effektiv demonstriert worden - ist aber für eine den Erfolg anstrebende Guerilla in den meisten Fällen eine äußerst wichtige Vorbedingung. Als es im letzten offenen Waffengang zwischen Israelis und Arabern nicht zu diesem Zusammenspiel palästinensischer Kommandos mit den ägyptischen und syrischen Kampfverbänden kam, wurde einmal mehr bewiesen, daß auch diesmal bei den Fedayin auf die Theorie nicht die Praxis folgte. Die Guerillastrategie war am 6. Oktober 1973 und in den folgenden Wochen nicht relevant[68]). Vielmehr wurden die Fedayin-Kommandos von den Ereignissen überrollt und von den regulären arabischen Armeen ignoriert.

Um so spektakulärer mutete dann die Kette jener politischen Erfolge an, die die Palästina-Guerillas nach dem Yom-Kippur-Krieg verbuchen konnten. Ihr im vierten Nahostkrieg neu gewonnenes Selbstbewußtsein und ein Gefühl nationaler Stärke, gestützt auf die Weltmacht „Öl", erlaubte es den arabischen Staaten, die in sechs Zwischenkriegsjahren zerriebene, demoralisierte und innerlich aufgespaltene palästinensische Bewegung wieder ins Spiel zu bringen und in die „politische Landschaft zurückkehren zu lassen"[69]). Auf der

Gipfelkonferenz arabischer Staatschefs in Rabat im Oktober 1974 wurde die PLO mit Yassir Arafat an der Spitze gegen den Widerstand König Husseins von Jordanien zum alleinigen und rechtmäßigen Vertreter palästinensischer Interessen erkoren.

Durch die Entscheidung von Rabat haben sich die arabischen Staaten einen geheimen Trumpf für die Zukunft gesichert. Auch wenn sie auf „der internationalen Ebene einstweilen den für sie günstigen Zielvorstellungen der internationalen Gesellschaft und der Weltmächte zustimmen"[70]), so läßt das Votum für die PLO und gegen Hussein jederzeit zu, die palästinensische Bewegung als Schraube zu verwenden, mit deren Hilfe der Konflikt eskaliert werden kann. Die nach dem Yom-Kippur-Krieg weltweit einsetzende Welle der Anerkennung der PLO erreichte dann durch den Auftritt Arafats vor der Vollversammlung der Vereinten Nationen am 13. November 1974 ihren vorläufigen Höhepunkt. Die Welt war dabei Zeuge, wie in bisher einmaliger Weise eine Untergrundorganisation hoffähig gemacht wurde[71]). Der von den Fedayin geführte Guerillakrieg gegen Israel hatte auf diplomatischem Parkett einen aufsehenerregenden Erfolg davongetragen. Die Vorgänge um die PLO vor der UNO haben einer künftigen Beurteilung und Behandlung des Guerillaphänomens im allgemeinen möglicherweise neue Aspekte hinzugefügt.

Dieser Vorgang ist umso beispielhafter, weil unter den Kriterien einer Kleinkriegführung der Widerstand palästinensischer Kommandos gegen die israelischen Sicherheitskräfte militärisch völlig gescheitert ist. Bei keiner anderen Guerilla der modernen Geschichte klafften mit der Zeit erworbenes politisches Ansehen und reale militärische Potenz so weit auseinander wie bei den „Opferbereiten" für Palästina. Niemals zuvor erreichte eine Partisanentruppe einen solch spektakulären politischen Aufschwung, nachdem sie unter taktisch-operativen Gesichtspunkten so tief gefallen war.

Die nach dem Oktoberkrieg von 1973 veränderte Haltung vieler Staaten, internationaler Organisationen, Parteien und Verbände gegenüber den komplexen Verhältnissen im Nahen Osten führte zu der immer stärker sich ausbreitenden politischen Einsicht, daß ohne endgültige Regelung der Palästinafrage jener Schwelbrand der Weltpolitik nicht zu löschen sei. Bei den im Zuge dieser Entwicklung auftauchenden Lösungsstrategien profilierte sich vor allem jenes Modell, was in den noch von Israel besetzten Regionen Westjordaniens und des Gazastreifens die Gründung eines palästinensischen Staates vorsieht. An diesem Punkt muß allerdings die Frage erlaubt sein, ob die PLO und Yassir Arafat die geeignete Kontaktstelle für Gespräche sind und ob durch die Etablierung eines dritten Staates zwischen Ostjordanien und Israel nicht neuer Zündstoff angehäuft würde.

Wenn westliche Staatsmänner und Politiker in den Wochen und Monaten seit dem Oktoberkrieg oft übereifrig bemüht waren, das Gespräch mit Arafat zu suchen und es sich eingebürgert hat, diesen Palästinenserführer als „gemäßigt" zu interpretieren, so muß hier vor gefährlichen Illusionen gewarnt werden. Wer die Programme und Absichtserklärungen Arafats ebenso wie jene der PLO aufmerksam studiert, kann an den wahren Zielen dieser Bewegung keinen Zweifel haben. Palästinenserführer - auch Arafat - haben niemals einen Hehl daraus gemacht, worauf die langfristige Strategie bei der Verwirklichung ihres Palästina-Staates abzielt: nämlich auf die Errichtung eines säkularen Einheitsstaates auf dem Gebiet des ehemaligen britischen Mandats Palästina. In diesem Gebilde sollen Juden, Christen und Moslems mit gleichen staatsbürgerlichen Rechten leben [72]).

Die Verwirklichung dieser Zielvorstellung würde jedoch im Grunde nichts anderes bedeuten als die Liquidierung des völkerrechtlich anerkannten Staates Israel und, wie es Arafat im September 1974 vor einer palästinensischen Jugendgruppe in einem Militärlager in Syrien ausdrückte: „. . . die Flagge Palästina über Tel Aviv zu hissen" [73]).

Ein weiteres Faktum, das bei der Interpretation der Politik Yassir Arafats seit dem Yom-Kippur-Krieg von manchen Experten nicht in Rechnung gestellt wird, ist die offensichtliche Führungsschwäche des PLO-Vorsitzenden. Trotz seiner Favorisierung durch die arabischen Staaten und zahlreiche Länder in Ost und West ist offenkundig, daß die Position Arafats innerhalb der palästinensischen Bewegung nicht unumstritten ist. Die erneute Eskalation der Gewalt durch militante Palästinenser-Gruppen unmittelbar nach der politischen Etablierung der PLO vor der UNO in New York unterstreicht diese Feststellung. Die israelischen Städte Kirjat Shmonah und Maalot sind nur zwei Glieder in der Kette blutiger Gewaltaktionen im Namen Palästinas. Denn die in den letzten zwei Jahren initiierten Bemühungen Kissingers um eine politische Entkrampfung des Konflikts, haben im palästinensischen Untergrund zu einer weiteren Radikalisierung geführt, die auch Arafat nicht verhindern konnte.

Speerspitze eines radikal-militanten Extremismus der Palästinenser ist die sogenannte „Ablehnungsfront" unter George Habbash, die sich bereits vor der Palästina-Debatte der UN 1974 formierte. Die „Ablehnungsfront" erklärt, daß sie sich an Abmachungen nicht gebunden fühle und den Konflikt mit allen Mitteln fortsetzen werde. Die Beziehungen George Habbashs zu internationalen Terrororganisationen in der ganzen Welt [74]), verleihen diesen Äußerungen ein gefährliches Gewicht. Für Habbash wäre denn auch die Errichtung eines palästinensischen Mini-Staates auf der Westbank und im Gazastreifen die endgültige Bankrotterklärung der revolutionären Befreiungsideologie. Von daher würden schon die radikalen Kräfte unter den Fedayin diese Staatsgründung, entsprechend ihren Programmen, nur als einen Teilerfolg ansehen, der nur eine Etappe sein könnte auf dem Weg zu einem Palästinastaat innerhalb der geographischen Grenzen des gesamten vormaligen britischen Mandatsgebiets. Daher wäre die Flagge Palästinas über Westjordanien und dem Gazastreifen ein Signal, den Kampf unter erheblich verbesserten geostrategischen Bedingungen fortzusetzen. Ein Vergleich der programmatischen Erklärungen der PLO und ihres Führers Arafat mit den Zielsetzungen der von Habbash gelenkten Extremisten läßt erkennen: Es gibt innerhalb der palästinensischen Organisationen keine „gemäßigte" und „radikale" Richtung. Eine solche Differenzierung ist nicht zulässig, zudem auch noch sachlich falsch. Denn alle Gruppen erstreben dasselbe Endziel, was lediglich häufig geschickt verbal verbrämt wird: die Zerstörung der politischen, militärischen und ökonomischen Strukturen des Staates Israel. Diese Gedanken finden sich im „Palästinensischen Manifest", dem Grundsatzprogramm der Kommandos aus dem Jahre 1968 und sind im „Zehn-Punkte"-Dokument des Palästinensischen Nationalrats auf seiner Sitzung in Kairo im Juni 1974 aufs neue bestätigt worden, wenn es dort u. a. in Artikel drei heißt: „Die PLO verwirft jeden Plan zur Schaffung einer palästinensischen Identität, deren Preis Anerkennung, Friede und sichere Grenzen für Israel... wäre" [75]).

Diese Konzeptionen der palästinensischen Führung gilt es zu berücksichtigen, wenn die Regierung in Jerusalem in realistischer Einschätzung der langfristigen Strategie der Fedayin mit alttestamentarischer Härte die PLO als Gesprächspartner ablehnt und dem palästinensischen Terror einen gnadenlosen Kampf ankündigt. Zugleich ist aber auch in politischen Kreisen Israels nach dem Yom-Kippur-Krieg ein merklicher Wandel bei der Behandlung des Palästina-Problems zu erkennen. Jahrelang hatte die alte Führungsschicht um die frühere Regierungschefin Golda Meir („Es gibt keine Palästinenser!") die politische Grundhaltung bestimmt und in starrer Festungsmentalität den Kern des gesamten Nahostkonflikts - die Palästinafrage - zu negieren versucht. Doch nach der Wachablösung an der Regierungsspitze in Israel, bedingt durch die politischen und militärischen Ereignisse im Oktober 1973 und den Wochen danach, entkrampfte sich dieser Immobilismus israelischer Politik, und die neuen Männer um Ministerpräsident Rabin und

Außenminister Allon sprachen zum erstenmal von der Existenz eines palästinensischen Problems und einer „Identität des palästinensischen Volkes"[76]).

Mit der PLO verhandeln will Israel jedoch nicht. Politische Kreise in Jerusalem hoffen immer noch, daß selbst die arabischen Protektionsstaaten der PLO bei zunehmender Erstarrung der Fronten zwischen Israel und den Guerillas am Ende doch wieder König Hussein ins Spiel bringen und Israel mit Jordanien zu einem separaten Arrangement über Palästina kommen kann.

Der Kleinkrieg der Gegenwart hat durch die Aktionen palästinensischer Kommandos ein neues Gesicht bekommen: denn der Guerilla- und Terrorkrieg der Fedayin gegen Israel hat praktisch den gesamten Erdball zum Kriegsschauplatz gemacht. Durch die weltweite Dimensionierung ihres Kampfes mit Israel, durch den exportierten Terror der Palästinenser gewinnt diese Auseinandersetzung beispielgebenden Charakter, wie nach dem Scheitern einer Guerilla in ihrem eigentlichen Operationsfeld durch die Ausfuhr neuer Formen der Gewaltanwendung ein lokaler Konflikt über die engeren Grenzen des Krisengebietes hinausgetragen und in neutralen Ländern durch spektakuläre Einzelaktionen fortgesetzt werden kann.

Aus alledem ergibt sich der Schluß: der internationale Terrorismus, bisher am schärfsten personifiziert und in seiner Wirkung auf Dritte am erfolgreichsten praktiziert durch die Palästinenser, ist eine neue Art der Kriegführung. Es ist eine Kriegführung ohne Territorium, ausgetragen ohne Armeen, wie wir sie kennen. Es ist eine territorial nicht begrenzte Kriegführung; sporadische „Gefechte" können weltweit stattfinden. In diesem Krieg gibt es keine Neutralen mehr und kaum unschuldige Zivilisten als Zuschauer[77]). Die Gefahr für die Zukunft liegt für alle Staaten darin, daß solche Bewegungen anerkannt und gestützt werden. Denn wenn die Hofierung terroristischer Organisationen und die stillschweigende moralische Duldung brutaler Gewaltakte durch völkerrechtlich etablierte Staaten denkbar erscheint, je mehr wird sich der Terrorist ermutigt fühlen, mit den Mitteln der Gewalt und der Erpressung den regulären Staatsapparat zu unterlaufen und die Ohnmacht der Regierenden zu demonstrieren, um seine politischen Forderungen durchzusetzen.

Israel hat durch seine Konterguerilla einen Weg gewiesen, wie Terroristen und Guerillas in einem Land erfolgreich bekämpft werden können. Der jüdische Staat tat und tut dies u. a. mit der konsequenten Haltung, sich nicht der Erpressung und Gewalt zu unterwerfen. Diese Position Israels, die auf der Erkenntnis und dem Wissen um die wahren Ziele der palästinensischen Befreiungsorganisation basiert, rückt den projektierten Staat „Palästina" noch in weite Ferne. Erst recht scheint die Gründung eines dritten Staates zwischen Ostjordanien und Israel keine Lösung zu sein. Ein solcher Staat würde über der schon konfliktüberladenen Landschaft des Nahen Ostens nur neuen politischen Sprengstoff aufschütten; zumal die Instabilität innerhalb der palästinensischen Bewegung - das hat die bisherige Geschichte der Fedayin-Kommandos eindeutig enthüllt - für eine dauerhafte politische Lösung ein zu großer Unsicherheitsfaktor wäre.

Anmerkungen:

[1] Vgl. R. Tophoven, Die israelische Konterguerilla, Israels Kampf gegen Fedayin, in: Wehrforschung, Heft 2, 1974, S. 44.

[2] s. § 2 des „Palästinensischen Manifestes", hier zit. nach R. Tophoven, Fedayin-Guerilla ohne Grenzen, Geschichte, soziale Struktur und politische Ziele der palästinensischen Widerstandsorganisationen, Die israelische Konter-Guerilla, 2. Auflage München 1975, S. 64.

[3] W. Hahlweg, Konzeptionen arabischer Guerillabewegungen im Spiegel palästinensischer Veröffentlichungen, in Wehrforschung, Heft 4, 1972, S. 97.

[4] W. v. Weisl, Terror als Methode moderner Kriegführung, in: Allgemeine Schweizerische Militärzeitschrift (zit. ASMZ), Nr. 8, 1969, S. 437.

[5] Vgl. K. A. Ammann, Der palästinensische Widerstand, Entwicklung des Nationalbewußtseins und der neuen Führungsschicht, in: Emuna-Horizonte, VI. Jg., Nr. 3, 1971, S. 180; vgl. ebenso R. Tophoven, Poker um Palästina, in: loyal, das kritische wehrmagazin, 1/Januar 75, S. 30.

[6] I. Geiss, Palästinensische Befreiungsbewegungen, in: Lexikon zur Geschichte und Politik im 20. Jahrhundert, hrsg. v. C. Stern, Th. Vogelsang, E. Klöss, A. Graff, Zweiter Band, Köln 1971, S. 600.

[7] W. v. Weisl, in: ASMZ, a. a. O., S. 441.

[8] Vgl. hierzu ausführlicher F. J. Khouri, The Policy of Retaliation in Arab-Israeli Relations, in: The Middle East Journal, Autumn, 1966, S. 438-442.

[9] Vgl. S. Jordan, The Palestinian fedayeen, in: conflict studies, No. 38, September 1973, S. 1.

[10] E. M. Baader, Die Wurzeln des arabisch-israelischen Konflikts. Versuch einer historischen und psycho-politischen Analyse, in: Beiträge zur Konfliktforschung, 1. Jg., Heft 4, 1971, S. 118.

[11] Vgl. zu den politischen, militärischen und ideologischen Konzeptionen der verschiedenen palästinensischen Kommando-Organisationen die ausführliche Textsammlung bei: L. S. Kadi (Hrsg.), Basic Political Documents of the Armed Palestinian Resistance Movement, Beirut 1969; vgl. ebenso zur Ideologie und den Programmen der Fedayin bei: R. N. El-Rayyes und D. Nahas (Hrsg.), Guerrillas for Palestine, A study of the Palestinian commando organization, Beirut 1974, S. 19-71; vgl. ebenso bei R. Tophoven, a. a. O., S. 30-62, dort auch weiterführende Literatur.

[12] Vgl. Y. Harkabi, Fedayeen Action and Arab Strategy, Adelphi Papers 53, Institute for Strategic Studies, London 1968, S. 14.

[13] Die Angaben stützen sich auf Unterlagen aus dem Privatarchiv des Verfassers.

[14] Vgl. hierzu u. a. bei R. Tophoven, Fedayin . . . a. a. O., S. 64, Anm. 295; vgl. ebenso Dialogue with Fateh, The Palestine National Liberation Movement, Fateh (Ed.), o. O. u. J., S. 66.

[15] Der Spiegel, Nr. 8, 1970, S. 84; s. vor allem bei L. S. Kadi, Basic Political Documents, a. a. O., S. 190.

[16] Vgl. bei L. S. Kadi, a. a. O., S. 191 u. S. 219.

[17] Die Angaben stützen sich auf Unterlagen aus dem Privatarchiv des Verfassers.

[18] Der Verfasser erfuhr diese Einzelheiten in Gesprächen mit israelischen Soldaten, die im Norden des Landes im Einsatz gegen palästinensische Kommandos stehen.

[19] Vgl. G. Konzelmann, Vom Frieden redet keiner. Zwischen den Fronten im Nahen Osten, Stuttgart 1971, S. 123.

[20] Vgl. Ch. Dobson, Black September Its Short, Violent History, London 1974, S. 43 ff.

[21] Vgl. J. Laffin, Murder Incorporated, in: Spectator, August 30, 1975.

[22] Die Angaben stützen sich auf Unterlagen aus dem Privatarchiv des Verfassers.

[23] Vgl. M. Ma'oz, Soviet and Chinese Relations with the Palestinian Guerrilla Organizations, Jerusalem 1974, S. 21.

[24] Vgl. J. L. Wallach, Der arabische Guerillakrieg, in: Österreichische Militärische Zeitschrift (zit. ÖMZ), Heft 5, 1971, S. 297.

[25] Vgl. R. Tophoven, Fedayin . . . a. a. O., S. 75 ff, vgl. ebenso C. Gershman, The Failure of the Fedayeen, in: I. Howe and C. Gershman (Ed.), Israel, the Arabs and the Middle East, Bantambook, New York 1972, S. 235.

[26] Vgl. W. Hahlweg, Guerilla - Krieg ohne Fronten, Stuttgart 1968, S. 219 u. S. 223.

[27] Vgl. in diesem Zusammenhang W. Hahlweg, Preußische Reformzeit und revolutionärer Krieg. Beiheft 18 der Wehrwissenschaftlichen Rundschau, 1962, S. 26 ff.

[28] Vgl. für den Gesamtzusammenhang der sowjetisch-chinesischen Beziehungen zu den palästinensischen Organisationen M. Ma'oz, a. a. O.; vgl. ebenso J. Cooley, China and the Palestinians, in: Journal of Palestine Studies, Vol 1, No. 2, Winter 1972, S. 19-34.

[29] Vgl. Mao Tse-tung. Theorie des Guerillakrieges oder Strategie der Dritten Welt, Reinbek 1966, S. 119.

[30] Vgl. hierzu ausführlicher bei R. Tophoven, Fedayin . . . a. a. O., S. 53-56.

[31] Vgl. J. L. Wallach, in: ÖMZ, Heft 5, 1971, S. 297.

[32] Diese stufenweise sich vollziehende Eskalation der militärischen Entwicklung sieht im einzelnen folgende Phasen vor: 1. strategische Verteidigung, 2. strategisches Gleichgewicht, 3. Stufe des Gegenangriffs.

[33] Ch. W. Thayer, Guerillas und Partisanen. Wesen und Methodik der irregulären Kriegführung, München 1964, S. 161; auf die skeptischen Äußerungen Che Guevaras zur Anwendung des Terrors sei in diesem Zusammenhang ebenfalls hingewiesen - vgl. E. Che Guevara, Guerilla-Theorie und Methode, Berlin 1968, S. 36 f.

[34] Vgl. N. Raphaeli, Military Government in the occupied territories, an israeli view, in: Middle East Journal, Vol. 23, No. 2, 1969, S. 179.

[35] Vgl. J. S. Roucek, Partisanenkampf als Mittel revolutionärer Politik. Bedeutung, Methoden, Gegenmaßnahmen, in: Europa-Archiv, Folge 2/1972, S. 77.

[36] Vgl. Ha'aretz, v. 2. Oktober 1967.

[37] C. Falk, Psychologie der Guerillas, in: ASMZ, Nr. 7/1970, S. 510.

[38] Die Angaben beruhen auf Gesprächen des Verfassers mit Offizieren der israelischen Armee.

[39] Die Kenntnisse stützen sich auf die Eindrücke des Verfassers während eines Besuches an der Allenby-Brücke.

[40]) An Nahar, Beirut, v. 10. Oktober 1970.

[41]) Vgl. J. Allon, . . . und David ergriff die Schleuder. Geburt und Werden der Armee Israels, Berlin 1971, S. 21.

[42]) Vgl. ebd., S. 21; vgl. auch S. Rolbant, Der israelische Soldat. Profil einer Armee, Frankfurt a. M. 1970, S. 11; vgl. neuerdings E. Luttwak/D. Horowitz, The Israeli Army, London 1975, S. 14 ff.

[43]) Vgl. Y. Shimoni u. E. Levine (Ed.), Political Dictionary of the Middle East in the 20th Century, Jerusalem 1972, S. 420.

[44]) Vgl. H. v. Dach, Der totale Widerstand. Kleinkriegsanleitung für jedermann, 4. Aufl., Biel 1972, S. 221.

[45]) Dies wurde dem Verfasser gegenüber von zuständigen Offizieren der israelischen Armee bestätigt.

[46]) Vgl. auch E. Luttwak/D. Horowitz, a. a. O., S. 310 (Anm.).

[47]) Vgl. R. Tophoven, Patrouille an der heißen Grenze (Reportage aus dem israelisch-libanesischen Grenzgebiet), in: loyal, das kritische wehrmagazin, 11/November 75, S. 26 ff.

[48]) Vgl. H. v. Dach, a. a. O., S. 221.

[49]) Vgl. u. a. J. L. Wallach, Der Sechs-Tage-Krieg: Prüfstein einer Milizarmee, in: ASMZ, Nr. 10/1968, S. 573.

[50]) Vgl. A. C. Brass, Helicopter Warfare Opens New Era, in: Missiles and rockets, March 28, 1966, S. 82.

[51]) Vgl. R. Tanaskovich, Modern Weapons and Partisan Warfare, in: Military Review, Vol. 42, No. 7, 1962, S. 33.

[52]) Vgl. A. Legler u. W. Liebisch, Militärische Ereignisse im Nahen Osten Juni 1967, Sonderdruck aus der Jahresbibliographie Bibliothek für Zeitgeschichte, Weltkriegsbücherei Stuttgart, Jg. 39, 1967, Frankfurt o. J., S. 360.

[53]) Vgl. u. a. M. Tugwell, Aus der Luft ins Gefecht, Die Geschichte der Fallschirmjäger- und Luftlandetruppen aller Nationen von 1918 bis heute, Stuttgart 1974, S. 483.

[54]) Aber nicht nur in Israel, bereits in Malaya und Borneo hatte der Helikopter nicht immer die Hauptrolle im Kampf gegen die Aufständischen gespielt: Britische und Gurkha-Truppen drangen bei ihren Konterguerilla-Operationen zu Fuß in den dichten Dschungel ein und bekämpften den Gegner mit leichten Waffen. - Vgl. hierzu J. Weller, Helicopters - The American Experience, in: The Army Quarterley, Vol. 103, No. 4 July 1973, S. 425 f.

[55]) C. v. Clausewitz, Vom Kriege, hrsg. v. W. Hahlweg, 18. Aufl. Bonn 1972, S. 974.

[56]) W. v. Weisl, a. a. O., S. 445.

[57]) ebd. - der hier dargestellte taktische Einsatz der Artillerie wurde dem Verfasser gegenüber von israelischen Artillerie-Offizieren bestätigt.

[58]) Die Kenntnisse beruhen z. T. auf persönlichen Eindrücken des Verfassers; vgl. aber auch E. Yaari, Strike Terror, The Story of Fatah, Jerusalem 1970, S. 360.

[59]) Vgl. J. Kimche, Can Israel Contain the Palestine Revolution? in: conflict studies, No. 13, London 1971, S. 5.

[60]) J. S. Roucek, a. a. O., S. 78.

[61]) Vgl. Z. Schiff, A History of the Israeli Army (1870-1974), San Francisco 1974, S. 239; vgl. auch die ausführliche Darstellung und Analyse dieser Kommandoaktion bei R. Tophoven, Fedayin . . . a. a. O., S. 84 ff.

[62]) Vgl. Ch. Dobson, in: The Sunday Telegraph, v. 22. Juli 1973, S. 6.

[63]) Vgl. W. Laqueur, Confrontation, The Middle East War and World Politics. London 1974, S. 61 f.

[64]) Vgl. Z. Schiff/R. Rothstein, Fedayeen, The Story of the Palestinian Guerrillas, London 1972, S. 198.

[65]) Nach Angaben der israelischen Behörden in Gaza wurden in der Zeit vom 12. Juni 1967 bis zum 1. Juli 1972 im Gazastreifen (Stadt Gaza und Umgebung) allein 39 Kinder und 59 Frauen durch Anschläge der Fedayin getötet. Der Verfasser erfuhr diese Statistik vom Armeesprecher der israelischen Streitkräfte in Tel Aviv. Vgl. ausführlich bei R. Tophoven, Fedayin . . . a. a. O., S. 77.

[66]) J. S. Roucek, a. a. O., S. 73.

[67]) Zit. nach C. Gershman, a. a. O., S. 248.

[68]) Vgl. u. a. G. Konzelmann, Die Schlacht um Israel, Der Krieg der Heiligen Tage, München 1974, S. 209 ff; vgl. ebenso J. L. Wallach, Erste Reflexionen zum Yom-Kippur-Krieg im Nahen Osten, in: Wehrforschung, Heft 6, 1973, S. 163.

[69]) J. L. Wallach, in „Die Zeit", v. 10. Januar 1975, S. 9.

[70]) A. Hottinger, Die Friedenssuche im Nahen Osten vor der Klippe der Palästinenser, in: Europa-Archiv, Folge 1/1975, S. 6.

[71]) Vgl. hierzu die einzelnen Bestimmungen der Palästina-Resolution der Vollversammlung der Vereinten Nationen vom 23. November 1974 bei I. Reinartz (Hrsg.), Nahostkonflikt, Dokumente, Materialien und Abkommen zur Entstehung und zum Verlauf des Konflikts zwischen Israelis, Arabern und Palästinensern, Opladen 1975, S. 223 ff.

[72]) Vgl. Dialogue with Fateh, a. a. O., S. 65; diese Vorstellungen von einem palästinensischen Staat unterstrich noch einmal Chalid al Hassan, Chef des politischen Büros der Fatah und enger Vertrauter Arafats, als er im September 1975 auf Einladung der Friedrich-Ebert-Stiftung mit einer europäisch/arabischen Parlamentariergruppe die Bundesrepublik besuchte - vgl. hierzu auch FAZ, v. 1. Oktober 1975, S. 4.

[73]) ANSA über Kairo, den 25. Juli 1974, zit. nach Israel Bulletin, Hrsg. Botschaft des Staates Israel, Bonn-Bad Godesberg, 8. Jg., Nr. 7, v. 24. Oktober 1974, S. 8.

[74]) Vgl. hierzu u. a. „Die Welt", v. 20. Oktober 1975.

[75]) Zit. nach Informationsblatt 29, Hrsg. Israelische Informationszentrale, Jerusalem 1975, Anhang B, S. 39.

[76]) Vgl. hierzu u. a. den Kabinettsbeschluß der israelischen Regierung vom 25. Juli 1974, in: Informationsblatt, a. a. O., S. 29; vgl. ebd. S. 27 ff.

[77]) Vgl. B. Jenkins, International Terrorism: A Balance Sheet, in: Survival, Vol. XVII, Number 4, July/August 1975, S. 160.

Dermot Bradley, geb. 1944 in Dublin. Studium
der Germanistik und Geschichte an der
Universität Dublin. Diplom-Staatsexamen.
Reserveoffizier der irischen Armee; z. Z.
Lehrer für Englisch und Geschichte an einer
Fachoberschule in Münster/Westf. Mehrere
Veröffentlichungen (Aufsätze) auf
militärwissenschaftlichem Gebiet; Dermot
Bradley arbeitet an einer Studie (Promotion)
über das Thema „Generaloberst Guderian
und die Entstehungsgeschichte des
modernen Blitzkrieges".

Dermot Bradley

Die historischen Wurzeln der Guerilla und des Terrorismus in Nordirland

Vor über fünfzig Jahren schrieb der irische Dramatiker
Seán O'Casey über die Lage in Irland: „Dieses ganze Land
ist verrückt. Statt ihre Perlen am Rosenkranz zählen sie
Patronen; ihr Ave Maria und ihr Vaterunser sind explodie-
rende Bomben und das Geknatter von Maschinengeweh-
ren; ihr Weihwasser ist Benzin, und ein Haus in Flammen
ist ihre Messe." Diese Beschreibung trifft für Nordirland
noch zu.

Der nordirische Konflikt umfaßt eine Reihe nationaler, wirtschaftlicher, sozialer und religiöser Probleme, die im Ver-
laufe der Jahrhunderte zu einer Verhärtung der Fronten
geführt haben. [1]

Obwohl Irland im frühen Mittelalter einen tiefen Einfluß auf
die Kultur Europas ausgeübt hatte, konnte Sir Richard Cox
im Jahre 1689 schreiben: „Da Irland zu den Hauptinseln
der Welt mitgerechnet wird, . . . ist es merkwürdig, daß
dieses edle Königreich und seine Angelegenheiten keinen
Platz in der Geschichte finden, sondern so sehr unbekannt
bleiben." [2] Dagegen haben jüngere Ereignisse in Irland
eines der Phänomene der modernen Zeit - den Guerilla-
Krieg - zutiefst beeinflußt.

Die Guerilla-Bewegungen in Irland sind nur verständlich,
wenn man Jahrhunderte irischer Geschichte durchstreift.
Deshalb ist es notwendig, die historischen Zusammenhänge darzulegen, die zur Gründung des Freistaates Irland
im Jahre 1922 führten.

Während in England der zukünftige Lauf der englischen
Geschichte bereits durch die Tatsache beeinflußt worden
war, daß schon im 11. Jahrhundert die Einheit und Unabhängigkeit des Landes als sichergestellt anzusehen waren,
hatte Irland kein einziges Zentrum der Autorität. In den
ersten Jahrhunderten nach Christi Geburt bestand Irland

107

aus vielen kleinen Königreichen, aber kein König war stark genug, sich zu behaupten und eine starke Zentralregierung zu bilden. „Der Einheitlichkeit des irischen Volkstums und der irischen Kultur in Sprache, Literatur, Religion und Rechtswesen entsprach jedoch kein geschlossenes, einheitliches Staatsgebilde."[3]

Kämpfe, die in Irland stattfanden, waren nicht Bemühungen, die zentrale Macht zu erobern, sondern bloß Versuche, die provinzialen Königreiche zu befestigen. Solche Rivalität bewog einen König von Leinster, Dermot McMorrough, Hilfe beim britischen König Heinrich II. (1154-1189) zu suchen. Heinrich hatte seit langem eine passende Gelegenheit gesucht, sich in die irischen Angelegenheiten einzumischen. Einen Vorwand hatte er schon seit 1155 gehabt, und zwar durch eine Bulle des englischen Papstes, Hadrian IV. (1154-1159).

Nach den Jahrhunderten der Wikinger-Kriege war in Irland eine geistliche und moralische Laxheit entstanden. Gewalttaten häuften sich, auch gegen Priester, Nonnen und kirchliches Eigentum. Reformen auf der Insel „der Heiligen und Gelehrten"[4] waren offensichtlich notwendig, denn ein Grund für die verworrene Lage lag in der Organisation der Kirche, die klösterlich statt diözesanisch war, eine Tatsache, die zu einem Mangel an geistlicher Fürsorge führte. Die Reformen wurden von der Synode von Kells (1152) vollendet. Deshalb sind die Berichte, die Papst Hadrian mit seiner Bulle „Laudabiliter" (1155) dazu brachte, Heinrich von England die Oberhoheit über Irland gegen Zusicherung einer Steuer zuzusprechen, entweder absichtlich falsch oder beruhen auf einer falschen Interpretation der Lage in Irland. Die Bulle „Laudabiliter", die nicht von allen Historikern als echt angesehen wird - es existiert kein Original in den päpstlichen Archiven - erwähnte Heinrich als „einen katholischen Prinzen, der sich bemüht, die Grenzen der Kirche zu erweitern und die Wahrheiten des christlichen Glaubens einem ungebildeten und ungelehrten Volk beizubringen. Es steht außer Zweifel, daß Irland und alle anderen Inseln, die den christlichen Glauben angenommen haben, dem heiligen Peter und der heiligen römischen Kirche gehören."[5]

Im Jahre 1169 entsandte Heinrich einige seiner normannischen Adligen mit einem kleinen Heer nach Irland in Begleitung des Königs Dermot. Bald nahmen sie einen großen Teil von Ostirland in Besitz, denn die Iren waren deren Kampfweise nicht gewöhnt. Die Normannen waren aber nicht zahlreich genug, um die Eroberung zu vollenden, und sie blieb letzten Endes eine Halberoberung.

Durch Mischehen, durch Annahme der irischen Sitten, der irischen Sprache und des irischen Rechtswesens verschmolzen diese frühen Eindringlinge zu einer Einheit mit der einheimischen Bevölkerung. Man sagte von ihnen, sie seien irischer als die Iren selber. Daran konnte das Statut von Kilkenny (1367), welches unter schweren Strafen den Engländern jede Verbindung mit den Einheimischen verbot, nichts mehr ändern. Ende des 15. Jahrhunderts war Irland bis auf ein kleines Gebiet um Dublin wieder völlig irisch geworden. Dieser Einheit entsprach allerdings keine politische Geschlossenheit.

Lange Zeit war England durch seine dauernden Kriege gegen Frankreich, Schottland und Wales zu sehr in Anspruch genommen und durch den Rosenkrieg (1453-1485) zu geschwächt, um Ansprüche auf Irland geltend machen zu können. Diese Lage änderte sich nach dem Siege des Hauses Lancaster über das Haus York, auf dessen Seite die Kolonisten in Irland gekämpft hatten. Heinrich VII. (1485-1509) folgte dem Prinzip „Wer England will gewinnen, in Irland muß beginnen." Anhänger dieser These waren die Spanier des 16. Jahrhunderts wie auch die Franzosen des 17. und 18. Jahrhunderts. Es war offensichtlich für England eine Lebensfrage, Irland um jeden Preis für sich zu gewinnen und fremden Einflüssen unzugänglich zu machen.

Es gelang Heinrich VIII. (1509-1547), den Widerstand in Irland mit Gewalt zu brechen und sich 1542 zum König von Irland zu machen. Unter ihm erhielt der Protestantismus den Rang einer Staatsreligion. Von nun an waren lokale (um das Wort „nationale" nicht zu früh zu benutzen) und religiöse Unabhängigkeitskämpfe unlösbar miteinander verbunden. Bald war „katholisch" gleichbedeutend mit „antienglisch". Die Reformation wurde in Irland nie ernsthaft auf religiöser oder ethischer Basis versucht. Nur Gewalt wurde angewandt.

Systematische Besiedlungen in der Zeit 1556-1658 (unter den Monarchen Mary, Elisabeth I. und Jakob I. sowie unter Oliver Cromwell) hatten zur Folge, daß irische Grundbesitzer durch englische und schottische Siedler ersetzt wurden. Da der Widerstand vor allem in Ulster (Nordirland) besonders heftig gewesen war, ließ Jakob I. (1603-1625) eine systematische Vertreibung durchführen. 1609 siedelte er etwa 120 000 britische Protestanten in Nordirland an. Die katholischen Iren erhielten durch die britische Gesetzgebung de facto einen Sklavenstatus und verloren durch rigorose Strafbestimmungen ihre bürgerlichen und religiösen Rechte. Die soziale Frage wurde damit zur dritten Komponente der irisch-britischen Auseinandersetzung.

Mit den Siedlern wurde eine ganz neue Gesellschaft geschaffen, die nicht nur der einheimischen Tradition fremd gegenüberstand, sondern auch in ihrem Charakter anders war. Es war nicht nur der Protestantismus der Siedler, der Ulster kennzeichnete, sondern ihre ganze Lebensweise. Obwohl viele der Iren vertrieben wurden, wurde es anderen erlaubt, da zu bleiben, einigen als Arbeiter, einigen als Pächter und einigen sogar als Grundbesitzer. Dadurch war das angeblich protestantische Gebiet durchlöchert mit verbitterten und erniedrigten irischen Katholiken. Oliver Cromwells System war nicht so sehr eine Besiedlung, sondern vielmehr die Abtretung der Quellen des Reichtums und der Macht von den Katholiken an die Protestanten. Nicht eine protestantische Gemeinschaft, sondern eine protestantische Oberschicht wurde geschaffen.

Damit gab es bereits im 17. Jahrhundert in Irland eine Zentralmacht, ein Rechtssystem und eine Staatsreligion. Aber diese waren alle englisch und wurden nach den Bedürfnissen der englischen Politik gehandhabt. Die einzigen irischen politischen Einrichtungen, die überlebt hatten, waren lokal und nicht national; ihr Einfluß, bis sie schließlich im 17. Jahrhundert verschwanden, neigte dazu, das Land zu teilen, statt es zu vereinigen.

Zu keiner Zeit zwischen dem 12. und dem 20. Jahrhundert kann man von der Bevölkerung Irlands als einer einheitlichen politischen Gemeinschaft sprechen. Gruppen verschiedener rassischer Herkunft übten in sich immer wieder änderndes Maß an Gewalt aus. „Im Laufe der Zeit wurde die ursprüngliche rassische Trennung teilweise verundeutlicht und teilweise unterstrichen durch die religiösen Kontroversen; und bis zum Beginn des 17. Jahrhunderts wurde die Teilung zu einer der Religion an Stelle einer der Rasse." [6]) Diese Verschiedenartigkeit unter den Siedlern ergibt einen Grund unter anderen, weshalb die Geschichte Irlands nicht auf einen einfachen Kampf zwischen Einheimischen und Fremden reduziert werden kann. Die Siedler bildeten niemals ein einheitliches dauerndes Element in der Bevölkerung. Wir können zwischen den verschiedenen Besiedlungsschichten unterscheiden, wie auch zwischen Siedlungen aus England und denjenigen aus Schottland. Die Siedler hörten nicht auf, englisch oder schottisch zu sein, aber nach Ablauf einer gewissen Zeit wurden sie anglo-irisch. Sie unterstanden denselben physikalischen Einflüssen des Lebens in Irland wie auch denselben sozialen Einflüssen. [7])

Es gab immer Ausnahmen: z. B. unter dem vor kurzem heiliggesprochenen Oliver Plunkett wurde eine Messe im Schloß zu Dublin unter einem protestantischen Vizekönig heimlich gefeiert. Dies zeigt einen Grad von Toleranz, die man normalerweise in der irischen Geschichte des 17. Jahrhunderts nicht findet.[8])

Ein Sieg des protestantischen Wilhelms III. (1688-1702) am Fluß Boyne über seinen abgesetzten katholischen Schwiegervater Jakob II. im Jahre 1690 wurde vom Papst Alexander VIII. (1689-1691) begrüßt und in Wien mit einer Messe als Niederlage Frankreichs gefeiert.

Anschließend wurden antikatholische Strafgesetze verabschiedet. Sie waren nach der Meinung des Historikers Lecky „nicht die Verfolgung einer Sekte, sondern die Entwürdigung einer Nation".[9]) Als Ziel hatten die Strafgesetze die Verelendung und Verdummung der katholischen Bevölkerung. Während dem Protestanten alles offenstand, war dem Katholiken alles verschlossen. Die katholischen Bischöfe wurden vertrieben, die katholischen Schulen aufgehoben, die Zahl der Geistlichen beschränkt. Hatte ein Ire ein Pferd, so mußte er es herausgeben, wenn ihm ein Protestant fünf Pfund dafür bot, da kein Ire ein Pferd im Werte von mehr als fünf Pfund besitzen durfte. Hinterließ einer der wenigen katholischen Landbesitzer mehrere Kinder, so wurde sein Gut unter ihnen aufgeteilt; war eines davon Protestant, so wurde es Alleinerbe. Besonders streng gehandhabt wurden die Strafgesetze, die die Katholiken vom Parlament ausschlossen sowie von allen niederen und höheren Regierungsämtern sowie von der Rechtspflege und von Offiziersstellen beim Heer oder bei der Marine. Dieser umfassende Ausschluß wurde dadurch erreicht, daß für diese Stellen ein Eid vorgeschrieben war, den kein Katholik leisten konnte. Die Protestanten Nordirlands, die nicht Mitglieder der anglikanischen Kirche waren, wurden auch durch diesen Eid von öffentlichen Ämtern ausgeschlossen.

Als 1776 die amerikanischen Kolonien ihre Unabhängigkeit erklärten, machte Frankreichs Haltung in dem Konflikt eine französische Invasion in Irland möglich. Gezwungenermaßen stimmte die englische Regierung der Bildung von anglo-irischen Freiwilligenkorps zu, die ihrerseits die Regierung dazu zwang, der völligen legislativen Selbständigkeit des anglo-irischen Parlamentes zuzustimmen (1782). Es war aber nur eine Verselbständigung der anglo-irischen Kolonie gegenüber England und hatte nur Bedeutung für die Kolonisten.

Mit dem Ausbruch der französischen Revolution lebte die katholische Freiheitsbewegung gewaltig auf, und mehrere Katholiken und Protestanten verlangten gemeinsam als „Vereinigte Iren" die volle Gleichberechtigung der Katholiken. 1792 und 1793 mußte das Wahlrecht den wohlhabenderen Katholiken zugestanden werden. Die „Vereinigten

111

Iren" erhoben sich unter der Führung eines protestantischen Rechtsanwalts, Theobald Wolfe Tone, gegen die Machenschaften des Vizekönigs Fitzgibbon, der nach der Weisung des britischen Premierministers Pitt die Protestanten Ulsters gegen die Katholiken aufhetzte und in Nordirland blutige Religionsunruhen verursachte.

Die Regierung in Dublin konnte der Lage nicht Herr werden und mußte englische Hilfe erbitten. Irland war militärisch wieder in englischer Hand. Pitt erreichte am 5. Juni 1800 sein Ziel. Das anglo-irische Parlament gab mit 158 zu 115 Stimmen seine Unabhängigkeit zugunsten einer völligen Union mit England auf und erklärte Irland zur Provinz Großbritanniens. Pitt gewann die Katholiken durch das Versprechen völliger Emanzipation und durch Bestechung. Aber erst 1829 wurde in London das Gesetz zur Befreiung der Katholiken verabschiedet.

Über eine Million Iren wanderten in den Jahren 1845-1848 aus, als durch Mißernten (Kartoffelfäulnis) eine Hungersnot Irland heimsuchte. Mehr als anderthalb Millionen starben den Hungertod. Die Bevölkerung Irlands, die 1845 über 8,3 Millionen betrug, war bereits 1915 auf 4,3 Millionen gesunken.

Der spätere Premierminister Gladstone schrieb 1845: „Irland, Irland! Diese Wolke im Westen, dieser aufziehende Sturm! . . . Irland zwingt uns große soziale und religiöse Fragen auf - Gott gebe uns den Mut, sich ihnen zu stellen und sie zu beantworten." [10]) In seinem neuen Buch meint der ehemalige deutsche Botschafter in Dublin: „Es steht außer Zweifel, daß die irische Frage eine der wichtigsten Streitfragen in europäischer politischer Geschichte wurde. Sie wurde ein Hindernis für britische Außenpolitik und im 20. Jahrhundert wurde sie sogar zu einer Drohung für Großbritannien selber." [11])

Aufstände mißlangen in den Jahren 1848 und 1867, Landgesetze für eine gerechtere Verteilung des Bodens wurden verabschiedet und Versuche wurden im britischen Parlament gemacht, besonders durch Gladstone, eine Art von irischer Selbstverwaltung („Home Rule") durch Gesetz zu schaffen. Die Konservativen und die Unionisten (in Nordirland nach 1886 besonders stark) lehnten alle solche Gedanken schroff ab.

Der irische Schriftsteller George Bernard Shaw meinte um die Jahrhundertwende: „Protestantismus in Irland war nicht damals eine Religion: er war eine Seite in politischen Richtungskämpfen, ein Klassenvorurteil, eine Überzeugung, daß Katholiken gesellschaftlich minderwertige Personen sind, die nach dem Tode zur Hölle gehen werden, um den

Himmel in dem ausschließlichen Besitz von protestantischen Damen und Herren zu überlassen."[12])

Die Gründung der „Gaelic League" im Jahre 1893 durch Dr. Douglas Hyde (später protestantischer erster Präsident Irlands 1938-1945) führte zum Wiederbeleben irischer Sitten, irischer Kultur und der irischen Sprache sowie der irischen Nationalität. „Sinn Féin" („Wir selber"), im Jahre 1905 von Arthur Griffith gegründet, hatte als Ziel, die Befreiung Irlands durch Wegbleiben vom Parlament in Westminster durchzusetzen. Aber Griffith strebte nur österreichisch-ungarische Verhältnisse an.[13])

Im April 1912 brachte der britische Premierminister Asquith das „Regierung-von-Irland-Gesetz" im britischen Parlament ein. Es wurde vom Unterhaus verabschiedet, aber von den Lords verworfen. Dadurch konnte es wegen ihres Vetos erst im Sommer des Jahres 1914 in Kraft treten. Es sah vor, daß ein irisches Parlament keinen Einfluß auf die Außenpolitik, auf Finanz- und Zollfragen, mit Ausnahme von Inlandsteuern, haben würde. Die Polizei würde erst nach Ablauf von sechs Jahren unter der Kontrolle eines irischen Parlamentes stehen. Eigene Streitkräfte sollte Irland nicht haben. Für die Nordiren protestantischen Glaubens ging diese Lösung viel zu weit; für die Katholiken war sie nur ein winziger Anfang.

In Nordirland bildete Sir Edward Carson mit der Unterstützung der britischen Konservativen eine provisorische Regierung im Jahre 1912, und zwar mit dem Ziel, die Selbstverwaltung Irlands durch Gewalt zu verhindern. Carson benutzte sogar den deutschen Kaiser zu Propagandazwecken. Die Zeitschrift „Irish Churchman" schrieb am 14. November 1913: „Wir haben ein Angebot von einem mächtigen kontinentalen Monarchen, der bereit ist, uns zu helfen, falls Selbstverwaltung den Protestanten Irlands aufgezwungen wird, indem er eine genügend starke Armee schicken will, die England von weiteren Verpflichtungen in Irland entbinden würde, und Irland unter seine Herrschaft nehmen würde."[14]) Carson war nie ein besonderer Freund des Kaisers und seine Bewegung war ganz und gar nicht populär in Deutschland. Lange Zeit war die Frage einer deutschen Stellungnahme zu Ereignissen in Irland durch die Frage von Elsaß-Lothringen und von Katholiken in Polen und erst recht durch den Kulturkampf kompliziert gewesen.

Mit dem Ausbruch des ersten Weltkrieges ließ man das Selbstverwaltungsgesetz nicht in Kraft treten. Die versprochene Inkraftsetzung des Gesetzes nach dem Ende des Krieges veranlaßte viele Iren, Soldaten in der britischen Armee zu werden. Es wird geschätzt, daß ungefähr 40 000

Iren im Kriege als Freiwillige fielen, dies um so merkwür-
diger, weil es in Irland keine Wehrpflicht gab.
Am 20. November 1914 veröffentlichte die „Norddeutsche
Allgemeine Zeitung" eine amtliche Mitteilung betreffend
die freundliche Haltung der deutschen Reichsregierung
dem irischen Volk gegenüber und seinen Wünschen für
die Erreichung der Unabhängigkeit. Durch Vermittlung des
deutschen Militärattachés in Washington, Major Franz von
Papen, wurde der Ire Sir Roger Casement im Reichsaußen-
ministerium empfangen, und Waffen für einen Aufstand in
Irland versprochen. [15]) Casement selber ist im April 1916
von einem deutschen U-Boot U-19 im Südwesten Irlands
an Land gesetzt worden. Ein Schiff mit Waffen wurde von
der britischen Marine aufgefangen, und der Aufstand hätte
kaum stattfinden können, wenn eine Ladung von Waffen
nicht in der Nähe von Dublin Anfang August 1914 gelandet
worden wäre. Ein Jahr zuvor, am 25. November 1913, waren
in Dublin Freiwilligenverbände von den Nationalisten gegründet worden.
Am Ostermontag 1916 wurde vor dem Hauptpostamt in
Dublin die irische Republik ausgerufen. Die militärischen
Theorien von James Connolly (geboren 1868) fanden jetzt
ihre Anwendung. Nach einem Studium des Moskauer Aufstandes von 1905 meinte Connolly: „Auch unter modernen
Bedingungen (ist) der Berufssoldat in einer Stadt, wo es um
einen Kampf gegen entschlossene zivile Revolutionäre
geht, sehr benachteiligt." [16]) Hierzu stand 1960 in einer britischen Vorschrift: „Geschlossene Ortschaften sind häufig
leicht zu verteidigen und nur durch hohen Aufwand anzugreifen. Deckung vor Feuer und Sicht ermöglichen es kleinen Gruppen entschlossener Truppen, für lange Zeit aus-
zuhalten." [17])
Connolly schrieb über die Verteidigung des Alamos, wo ungefähr 145 Aufständische für zehn Tage gegen ein mexika-
nisches Heer von 10 000 Mann aushielten. Es war „eine
jener Niederlagen, die oft für eine Sache wertvoller sind
als viele laut herausposaunte Siege. Sie gab den texani-
schen Kräften den Kampfgeist und die Entschlossenheit
und noch wichtiger, sie gab ihren Kameraden woanders
mehr Zeit." [18]) Seine Wörter waren prophetisch: denn dies
war genau die Auswirkung des Niederschlagens des Aufstandes von 1916 in Dublin.
In einer Zusammenfassung über Straßenkämpfe legte Connolly praktisch seine Pläne für den Aufstand vor. „Um eine
richtig barrikadierte Straße zu nehmen, die an beiden Seiten von Truppen in den Häusern verteidigt wird, muß man
erst diese Häuser stürmen und dann im Nahkampf nehmen. Eine Straßenbarrikade an einer Stelle, wo die Artille-

rie nicht aus der Ferne schießen kann, ist mit einem Frontalangriff nicht zu erobern." Connolly schlug vor, daß man die Straßen an taktischen Punkten barrikadieren solle, die nicht unbedingt in den Hauptstraßen lagen, sondern sie beherrschten. Häuserwände sollten durchbrochen werden und den Kämpfern ermöglichen, eine ganze Straße zu kontrollieren. [19])

Connolly fuhr fort: „Seit jeher hat man ein gebirgiges Gelände als schwierig für militärische Operationen gehalten, und zwar wegen seiner Pässe und Täler. Eine Stadt ist ein großer Irrgang von Pässen und Tälern, die durch Straßen und Gassen ersetzt werden. Jede Schwierigkeit, die für die Operationen regulärer Truppen in den Bergen existiert, wird in einer Stadt hundertfach vermehrt." [20]) Mit der irischen Lage im Auge folgerte er: „Die Verteidigung ist von fast überwiegender Bedeutung in einem solchen Krieg, an dem ein Volksheer wie die (irische) Bürgerarmee eventuell teilnehmen müßte. Nicht eine bloße passive Verteidigung einer in sich bedeutungslosen Stelle ist gemeint, sondern die aktive Verteidigung einer Stelle, deren Lage die Überlegenheit oder die Existenz des Feindes bedroht." [21])

Das Hauptpostamt und andere Gebäude der Stadt Dublin wurden 1916 besetzt. Der Aufstand schlug fehl, und die Kämpfer mußten sich nach einer Woche bedingungslos ergeben. Er hat aber sein Ziel erreicht. Die Nationalgefühle der Iren wurden aufgeweckt, und die Nachwirkungen führten direkt zur Erreichung der irischen Unabhängigkeit sechs Jahre später.

Lenin schrieb zum Aufstand: „Ein Schlag gegen die britische imperialistische Bourgeoisie in Irland hat eine hundertfach größere Bedeutung als ein solcher Schlag gleichen Gewichts in Asien oder in Afrika . . . Die Dialektik der Geschichte ist so, daß kleine Nationen im Kampf gegen den Imperialismus als unabhängige Faktoren machtlos sind, jedoch eine Rolle als Gärungsstoff spielen . . . Das Unglück der Iren ist es, daß sie sich vorzeitig erhoben haben, als die europäische Revolte des Proletariats noch nicht reif war." [22]) Zu dieser Zeit war Ho Tschi Minh in London, und er äußerte sich sehr enthusiastisch über den Aufstand in Dublin.

Der Osteraufstand hatte gezeigt, daß eine Revolution keinen Erfolg vorzuweisen haben würde, wenn man sich darauf beschränkte, nur in der Verteidigung zu kämpfen. Eine neue Strategie war notwendig.

Nach dem Waffenstillstand vom 11. November 1918 fand eine Parlamentswahl in England statt. Die Auswirkungen dieser Wahl hatten eine grundlegende Bedeutung für die Freiwilligen, die inzwischen aus englischen Gefängnissen entlassen worden waren. Sie bekamen jetzt ein klares Mandat. Am 21. Januar 1919 kamen die neugewählten nationalen Abgeordneten, die nicht inzwischen wieder verhaftet worden waren, in Dublin zusammen. Regierungsämter nahmen ihre Arbeit auf und britische Institutionen und Einrichtungen wurden boykottiert.

Der Kampf wurde jetzt zu einem nationalen Kampf, der gleichzeitig auf zwei koordinierten Ebenen geführt wurde: auf dem politischen und auf dem militärischen Gebiet. Drei Merkmale kennzeichnen den Guerilla-Krieg zu dieser Zeit in Irland: es gab keine äußere militärische Hilfe oder Führung - damit kam die wichtige Frage einer Anlehnungsmacht nicht ins Spiel; Waffen wurden von den Besatzungstruppen besorgt; alle Gruppen wurden niemals zur gleichen Zeit eingesetzt. Das bedeutete eine wichtige Abweichung von der bisherigen Handlungsweise in Irland. Die Aussage von General Dr. Beyer trifft für Irland zu: „Echtes Partisanentum, hinter dem der reife Nationalismus eines Volkes und sein entschlossener Wille zur Selbständigkeit steht, kann nicht mit militärischen Mitteln niedergerungen werden." [23])

Die normale Praxis war ein Angriff in Raten und in begrenzten Zahlen auf besonders ausgewählte Ziele. Der größte Teil des tatsächlichen Kampfes wurde von einer kleinen, sehr gut ausgebildeten Gruppe getragen, die für die bestmögliche Ausnutzung der relativ wenigen zur Verfügung stehenden Waffen sorgte. Abgesehen von diesen Gruppen geschah es nur in einer sehr begrenzten Weise, daß die gleichen Leute während des ganzen Krieges 1919-1921 aktiv blieben. [24])

Die Briten hatten sämtliche Quellen des Ersatzes, der Bewaffnung und des Reichtums zur Verfügung. Die Freiwilligen besaßen genaue Kenntnisse der eigenen Gebiete und Städte und die Unterstützung des Volkes. Die Brigade war der höchste Truppenverband; der Dienst war freiwillig und unbezahlt. Die numerische Stärke betrug ungefähr 100 000 Mann. [25]) Es gab keine Einheitlichkeit bei der Ausbildung, und jede Brigade war auf sich selbst angewiesen. Abgesehen von einigen Jagdgewehren war der gesamte Verband praktisch unbewaffnet. [26]) Es gab keine Maschinengewehre, keine Mörser und keine Geschütze. Kleine bewegliche Gruppen („Flying Columns") von 15 bis 30 Mann wurden gebildet. Sie wohnten in Verstecken, geschützt in den Häusern des Volkes, oder sie lagen in Unterständen im hügeligen Gelände; sie bewegten sich auf kaum benutzten Wegen im Schutz der Dunkelheit, und sie blieben niemals lange an einem Ort. [27])

Eine Beschreibung von Daniel Breen ist typisch für fast alle, die auf der irischen Seite kämpften: Nachdem er verwundet worden war, wurde er „sofort ins Bett gebracht, und man ließ den Priester und den Arzt kommen".[28]) Immer wieder stellte sich die katholische Hierarchie auf die Seite der britischen Behörden und verurteilte die irische republikanische Armee (IRA). Aber viele von den jüngeren Priestern unterstützten die Organisation. Laufend verurteilten Kirchenführer die Taten der IRA, und weil die Kirche in Irland soviel Einfluß hatte, konnte die IRA nicht ohne weiteres mit der Kirche brechen. Die Mitglieder der IRA waren sowieso sehr fromm und betrachteten die Äußerungen der Bischöfe als nicht sehr ernst zu nehmen, wenn sie gegen das nationale Interesse gerichtet waren.

Breen beschreibt, wie er sich einmal in Dublin verkleidete: „Ich trug die Kleidung eines Priesters, eine nicht ungewöhnliche Verkleidung in jenen Tagen. Es hätte einen Aufschrei der Empörung gegeben, wenn ein Priester verhaftet worden wäre. Die alten Polizisten waren standhafte Katholiken und entschieden sich zugunsten von verdächtigen Priestern."[29]) Die Hilfspolizei, die sogenannte „Black and Tans", war nicht so großzügig. Einige Priester wurden von ihnen ermordet.

Die revolutionäre Mentalität der Iren ist durch den besonders intensiven Glauben gekennzeichnet, daß die totale Erlösung der Iren wohl möglich ist, und daß alle anderen Werte diesem Zweck unterzuordnen sind. Dies gilt natürlich auch für die heutige Lage in Nordirland.

Breens idealistische Ansicht kann man aus seiner folgenden Aussage erkennen: „Für mehrere Tage wanderte ich durch das fruchtbare Land und träumte von der Glückseligkeit, die unser eigen sein würde, wenn es uns nur erlaubt wäre, unser eigenes Schicksal unter Gottes Vorsehung zu bestimmen."[30]) Seine religiöse Anschauung kann man in seiner Beschreibung eines Mitstreiters erkennen: „Er war ein Nichtraucher und Abstinenzler, war sehr fromm und ging täglich in die Messe."[31]) Er empörte sich über eine „infame Ansprache" des Polizeichefs in Munster (irische Provinz). Oberst Smyth hatte vor der angetretenen Polizei gesagt: „Wenn herannahende Personen die Hände in ihren Taschen haben, oder verdächtige Leute zu sein scheinen, schießen Sie sie nieder. Sie können gelegentlich Irrtümer begehen und Unschuldige können erschossen werden, aber das ist nicht zu vermeiden, und Sie werden sicherlich die richtigen Leute manchmal treffen. Je mehr sie schießen, desto besser werden Sie mir gefallen, und ich versichere Ihnen, kein Polizist wird irgendeine Unannehmlichkeit erfahren, weil er irgendeine Person erschossen hat."[32])

Drei Weisungen kamen vom irischen Hauptquartier. Die erste behandelte das Thema der Spionage und das von Verrätern sowie Versuche, den britischen Spionagering zu sprengen. Die zweite forderte die Intensivierung von Angriffen auf Postämter und Postboten, um Briefe an britische Offiziere, Polizei-Offiziere oder verdächtige Personen zu besorgen. Die dritte Weisung wurde an alle Bataillone geschickt und betraf die Zerstörung von Eisenbahnen und Straßen. Eine solche Zerstörung richtete sich gegen die Interessen der Bevölkerung, weil sie den Transport von wesentlichen Gütern behinderte, den Handel zerstörte und Arbeitslosigkeit und Knappheit an verschiedenen Gebrauchsartikeln hervorrief. Der IRA-General Tom Barry war der Meinung, daß die IRA immer daran denken mußte, daß „das einfache Volk das Bollwerk war, auf dem sie aufgebaut war und daß keine nicht absolut notwendige Not dem Volke aufgebürdet werden sollte. Ein Schlag gegen das Volk war ein Schlag gegen die IRA selber." [33]) Barry gibt einige aufschlußreiche Zahlen an. Er sagt, daß es niemals mehr als 310 Schützen in der ganzen Grafschaft Cork gab. Im Mai 1921 standen ihnen in Cork allein 12 600 britische Soldaten gegenüber. [34])

Eine wesentliche Rolle spielte Michael Collins. Durch ihn lernte die Welt, wie man einen Aufstand gegen eine koloniale Besatzungsmacht führen soll. [35]) Collins war es, der das Wesen des Guerillakrieges in Irland erkannte. Er hatte ausgezeichnete militärische Fähigkeiten, [36]) benutzte durchdachte aber unorthodoxe Methoden, um den Feind zu schlagen. Die von seinen Methoden abzuleitenden taktischen Grundsätze spielten eine wichtige Rolle für andere Guerillakämpfer überall in der Welt. Man hatte ihn sogar bei der Gründung des britischen Geheimdienstes im zweiten Weltkrieg berücksichtigt. Zwei britische Offiziere, die in Dublin während des irischen Guerillakrieges gewesen waren, hatten erkannt, daß man den Krieg mit solchen Mitteln führen muß. Joseph Holland und Collin Gubbins bildeten später den Kern der britischen „Special Operations Executive" aus, die als Basis für die wichtigsten europäischen Widerstandsbewegungen im zweiten Weltkrieg diente. [37])

Während des Guerillakrieges beachteten die Briten nicht immer die Bestimmungen der Haager Konvention. Geiseln wurden auf Lkw's mitgenommen, und die britischen Soldaten terrorisierten die Zivilbevölkerung, zerstörten ihr Eigentum, auch wenn keine militärische Notwendigkeit eine solche Handlung erforderte. Aber sehr schnell gab es kaum Orte außerhalb Dublins und Nordostulster, wo die britische Verwaltung aufrechterhalten blieb. Die IRA, wie General Macready auch zugab, legte sehr viel Wert auf absolute

Nüchternheit. Die IRA-Polizei hatte die Landgier schnell unter Kontrolle und wollte es nicht zulassen, daß ein politischer zu einem sozialen Umsturz führen konnte.

Im britischen Parlament wurde im Dezember 1920 das „Regierung-von-Irland-Gesetz" verabschiedet. Dadurch entstand die Provinz Nordirland als Bestandteil des Vereinigten Königreichs mit einem eigenen Parlament und Senat als den Merkmalen einer beschränkten Provinzialautonomie. Der britische Premierminister Lloyd George bezog sich auf einen Appell des Königs bei der Eröffnung des nordirischen Parlaments und bot Verhandlungen an. Die Guerillakämpfer, obwohl sie keinen endgültigen militärischen Sieg errungen hatten, waren am politischen Ziel angelangt. Ein Waffenstillstand trat am 11. Juli 1921 in Kraft. Ein Vertrag wurde unterzeichnet, und offiziell entstand der Freistaat Irland am 6. Dezember 1922. Die nordirischen Gebiete blieben Bestandteil des Vereinigten Königreichs. Diese Teilung bedeutete nicht die Trennung zweier Gemeinschaften voneinander, sondern in Nordirland die Gefangenschaft eines Teils der Gemeinschaft im Territorium und unter der Macht einer anderen. Von der Bevölkerung des Freistaates Irland waren 94% katholisch; in Nordirland war das Verhältnis: 60% protestantisch und ca. 40% katholisch. Der Vertrag selber führte in Irland zu einem Bürgerkrieg, in dem ein großer Anteil der IRA unter der Führung des späteren Präsidenten Eamon de Valera gegen Anhänger des Vertrages kämpfte. Sie erstrebten eine Republik für die ganze Insel. Unmittelbarer Anlaß war die Bombardierung des Obersten Gerichtshofes in Dublin, wo sich einige Republikaner verschanzt hatten. Die Aktion wurde auf Verlangen der britischen Regierung durchgeführt. Einige Tage zuvor war der britische Chef des Reichsgeneralstabes, FM Sir Henry Wilson, von zwei Iren in London ermordet worden.

In Nordirland gingen die Protestanten dazu über, ihre Macht zu konsolidieren und die Katholiken von jeglicher Anteilnahme am politischen Leben auszuschließen. Bei Lokalwahlen hatte nur derjenige eine Stimme, der ein Wohnhaus besaß. Außerdem wurden Wahlkreise so eingeteilt, daß normalerweise eine protestantische Mehrheit das Ergebnis war: zum Beispiel wurden in den drei Wahlkreisen der Stadt Londonderry in einem 8 Unionisten mit einer Mehrheit von 1 416; im zweiten 4 Unionsten mit einer Mehrheit von 1 845 und im dritten Wahlkreis 8 Nicht-Unionisten mit einer Mehrheit von 8909 Stimmen gewählt. Das bedeutete, daß 8 781 Unionisten-Stimmen 12 Stadträte gewählt hatten; dagegen brauchten die Katholiken 14 429 Stimmen, um nur 8 Stadträte zu wählen.

Immer wieder gab es in Nordirland Pogrome gegen Katholiken, zum Beispiel in den 20er Jahren und in den Jahren 1935/36. Die Geburtenrate der Katholiken war doppelt so hoch wie jene der Protestanten, und diese Tatsache veranlaßte den nordirischen Premierminister Sir James Craig (1921-1940), eine Warnung zu geben: „Paßt auf die Katholiken auf, paßt auf! Die vermehren sich wie die verdammten Kaninchen."

Das Klassenwahlrecht in Nordirland, wo einer, der mehr Steuern zahlte, auch mehr Stimmen hatte - bis zu sechs -, erzeugte Wohnungsunrecht. Die protestantischen Stadtverwaltungen hüteten sich, Wohnungen an Katholiken zu vergeben, um ihnen nicht dadurch das Wahlrecht zu verleihen. Die Konsolidierung der Regierung im Freistaat Irland - ab 1937 Irland, ab 1949 Republik Irland - machte die Trennung zwischen Norden und Süden noch deutlicher. Die irische Sprache wurde ab 1926 verlangt, wenn jemand Beamter werden wollte. Sie war Pflichtfach im Abitur.

Immer mehr entfernten sich die zwei Teile Irlands voneinander. Ein protestantischer Erzbischof von Dublin stellte über die Protestanten im Süden fest: „Als Minderheit unterscheiden wir uns von der Mehrheit im Ethos, und obwohl wir genauso irisch sind wie viele im anderen Lager, sind die Unterschiede . . . markant."[38]

Der Freistaat Irland adoptierte ein Soldatenlied als Nationalhymne:
„Sinne Fianna Fáil, atá faoi gheall ag Eirinn
Buíon dár slua thar toinn do ráinig chugainn"
(„Wir sind Soldaten, deren Leben Irland verpfändet sind.
Einige von uns sind von Übersee gekommen.")

Ehescheidungen wurden im Freistaat Irland gesetzlich verboten, ebenso die Geburtenkontrolle. Eine Zensur für Literatur, Theater und Kino wurde eingeführt.

Die Regierung von Eamon de Valera, Ministerpräsident Irlands seit 1932, verabschiedete eine neue Verfassung, die nach einem Volksentscheid, am 29. 12. 1937 in Kraft trat. Artikel 2 stellte fest: „Das nationale Gebiet besteht aus ganz Irland, seinen Inseln und Gewässern." Artikel 44, Absatz 1.2 (erst am 7. 12. 1972 durch Volksentscheid gestrichen) stellte die besondere Stellung der katholischen Kirche fest, und zwar als „Hüter des Glaubens der großen Mehrheit der Staatsbürger".

Irland blieb im zweiten Weltkrieg neutral, Nordirland dagegen nicht. Die Republik Irland wurde am Ostermontag 1949 ausgerufen, und damit verließ Irland offiziell das Commonwealth. Als Antwort verabschiedete die britische Regierung ein Gesetz, in dem ein feierliches Versprechen enthalten war, daß Nordirland solange Bestandteil des Vereinigten Königreiches bleiben würde, bis eine Mehrheit der Bevölkerung eine Änderung wünsche.

In den Jahren 1956-1962 versuchte die IRA, einen Guerilla-Krieg durchzuführen, aber erfolglos. Dann trat eine Wende ein. Captain O'Neill wurde 1963 Ministerpräsident von Nordirland. Wie er in seinen Memoiren schreibt, hatte er „das Vertrauen der Katholiken gewonnen, wie kein Premierminister vorher. Aber ich war nicht in der Lage, ihnen die Rechte zurückzugeben, die engstirnige Männer ihnen in den ersten Jahren der Existenz Nordirlands weggenommen hatten". Erstmalig am 14. 1. 1965 trafen sich die Ministerpräsidenten von Irland und Nordirland. Zaghafte Reformen wurden durchgeführt und eine Bürgerrechtsbewegung forderte „ein Mann - eine Stimme". Eine Kontroverse gab es auch über die Lage einer zweiten Universität in Nordirland. Sie wurde in der protestantischen Stadt Coleraine gebaut und nicht in der katholischen Stadt Derry. Laut O'Neill war „die ganze Zukunft Nordirlands in den Schmelztiegel" geworfen worden. Der Innenminister Craig befahl einen Angriff auf friedliche Demonstranten am 5. 10. 1968, und die protestantische Polizei ging brutal vor. Daraus entwickelte sich eine Lage, in der man es mit Terroristen zu tun hatte, die nach einer Beschreibung der Zeitung „Soldat im Volk" Psychopathen sind, „also geistig Kranke, die in einer anderen Welt als der des Normalbürgers leben, geborene Märtyrer . . . im Grunde Nihilisten und Anarchisten, die keine logischen Vorstellungen von dem haben, was sie an die Stelle des mit Gewalt ausgemerzten Gesellschaftssystems oder Regimes setzen wollen".[39]) O'Neill war Ulsters letzte Chance; akzeptiert von einer großen Anzahl der Minderheit, Gewinner von Parlamentswahlen, wurde er von seiner eigenen Unionistischen Partei gestürzt.

Die alte IRA, deren Ziel es ist, irgendeine Art von gesamtirischer sozialistischer Arbeiterrepublik zu errichten, und die neue provisorische IRA entzweiten sich über die Frage der Dubliner, Belfaster und Londoner Parlamente. Die alte IRA wäre bereit, die bestehenden Parlamente zu akzeptieren. In Nordirland gibt es keinen Verständigungswillen, speziell auf der Seite der Mehrheit, wo für den Pastor Paisley der Papst „Herr Rotsocke" und Rom „die babylonische Hure" ist.

Die britische Armee muß Polizeifunktionen ausüben, Ordnung halten, Häuser durchsuchen und Verdächtige verhaften. Internierungen ohne Verurteilung wurden 1971 eingeführt, und die Erschießung von 13 Zivilisten in Derry durch britische Fallschirmjäger am 30. 1. 1972 beweist die Nervosität der Truppe. Das nordirische Parlament wurde am 24. 3. 1972 suspendiert und London übernahm die direkte

Regierung. Nach Ablauf von 21 Monaten entstand am 1. 1. 1974 eine nordirische Exekutive, eine Koalitionsregierung, in der Katholiken und Protestanten nebeneinander vertreten waren. Dieser einmalige Versuch scheiterte am Widerstand der radikalen Protestanten einige Monate später. Zur Zeit existiert eine verfassungsgebende Versammlung, in der die Protestanten eine absolute Mehrheit haben, und in der sie versuchen, die Katholiken wieder von der politischen Macht auszuschließen.

In einer Rundfunkansprache aus Genf am 25. 9. 1938 sagte der damalige irische Ministerpräsident Eamon de Valera: „Der gefährlichste Krieg ist jener, der aus einer Lage entspringt, wo gerechte Forderungen in einem Schleier von entgegengesetzten Rechten abgelehnt werden, wo keine Seite irgendeinen Grund einsehen kann, warum sie ihre Forderungen gegenüber der anderen Seite zurückstecken soll." [40]) Dies ist die tiefe Tragödie der heutigen Lage in Nordirland.

Anmerkungen:

[1]) Vgl. „Das Parlament", vom 12. 1. 1974.

[2]) Hibernia Anglicana, Band I, London 1689.

[3]) Geschichte Irlands: Ein Kampf um die völkische Freiheit, Berlin 1939, S. 14.

[4]) Insula sanctorum et doctorum.

[5]) Edmund Curtis, A History of Ireland, London 1964, S. 56-57.

[6]) J. C. Beckett, The Study of Irish History, Belfast 1963, S. 11.

[7]) Beckett a. a. O., S. 16.

[8]) „Irish Times", vom 11. 10. 1975.

[9]) zitiert „Peace by Ordeal", Lord Longford, London 1967, S. 18.

[10]) Vgl. „Das Parlament", vom 12. 1. 1974.

[11]) Felician Prill, Ireland, Britain & Germany 1870-1914: Problems of Nationalism and Religion in Nineteenth Century Europe, Dublin 1975 (s. dort. Einleitung).

[12]) „Irish Times", vom 7. 10. 1975.

[13]) Vgl. Arthur Griffith, Resurrection of Hungary a Parallel for Ireland, 1918.

[14]) Vgl. Prill a. a. O. und O'Callaghan, The Easter Lily, London 1967, S. 27.

[15]) Franz von Papen, Der Wahrheit eine Gasse, München 1952, S. 59 und persönliches Gespräch mit dem ehemaligen Reichskanzler in Erlenhaus am 4. 10. 1966.

[16]) James Conolly, Revolutionary Warfare, Neudruck Dublin 1968, S. 6.

[17]) Infantry Training, Vol. IV: Tactics, The Infantry Platoon in Battle, London 1960, S. 141.

[18]) Conolly a. a. O., S. 19.

[19]) Conolly a. a. O., S. 32.

[20]) Conolly a. a. O., S. 34.

[21]) Conolly a. a. O., S. 34.

[22]) zitiert nach „Irish Times" Beilage, vom April 1966.

[23]) General der Inf. Dr. jur. Franz Beyer: „Partisanenkrieg" (MS.).

[24]) O'Donoghue, Guerrilla Warfare in Ireland 1919-1921, in: An Cosantóir, Mai 1963, S. 293-301.

[25]) O'Donoghue a. a. O.

[26]) O'Donoghue a. a. O., S. 294.

[27]) Macardle, The Irish Republic, London 1968, S. 316.

[28]) Breen, My Fight for Irish Freedom, Neue Ausgabe, Kerry 1964, S. 70.

[29]) Breen a. a. O., S. 77.

[30]) Breen a. a. O., S. 100.

[31]) Breen a. a. O., S. 126.

[32]) Breen a. a. O., S. 145 und O'Callaghan a. a. O., S. 43.

[33]) Barry, Guerrilla Days in Ireland, Kerry 1968, S. 83-84.

[34]) Barry a. a. O., S. 189.

[35]) Professor M. R. D. Foot, Vortrag am 9. 1. 1969, Bericht „Irish Times", vom 10. 1. 1969.

[36]) Taylor, Michael Collins, London 1966, S. 19: There was a touch of the Napoleonic in Collin's military brilliance."

[37]) Foot, a. a. O.

[38]) White, Minority Report: The Anatomy of the Southern Irish Protestant, Dublin 1975, zitiert „Irish Times", vom 10. 10. 1975.

[39]) Soldat im Volk, Oktober 1975.

[40]) zitiert „Irish Press", vom 30. 8. 1975.

Die Terrorszene in der Bundesrepublik - Phänomene und ihre Bekämpfung

Hans-Joachim Müller-Borchert wurde 1937
geboren.
Er beschäftigt sich seit etwa 15 Jahren mit
Theorien der Guerilla-Kriegführung.
International bekannt durch
Veröffentlichungen insbesondere zu
Problemen der „Kaderguerilla".
Autor des Buches „Guerilla im Industriestaat
- Ziele, Ansatzpunkte und Erfolgsaussichten"
(Hamburg 1973)
Während der letzten Jahre spezialisierte er
sich zunehmend auf Wirkungsanalysen von
besonderen Aktionsmodellen aus dem
Bereich des Terrors (Geiselnahme,
Flugzeugentführung, politisch motivierter
Mord) und entsprechende Abwehrmodelle.

Hans-Joachim Müller-Borchert

Guerilla in der Bundesrepublik?

Im Grunde hat erst der Ausgang des Vietnamkrieges das bewirkt, was Guerilla-Erfolge in aller Welt bis dahin nicht vermocht hatten:
die Öffentlichkeit der Bundesrepublik akzeptierte ein Prinzip, nach dem kleine Gruppen von „Desperados", „Terroristen" und insgesamt „Kriminellen" [1]) aus zunächst hoffnungslos unterlegener Position die militärisch überlegene Staatsgewalt ihres Landes angegriffen und in einem jahrelangen Abnutzungskrieg schließlich beseitigt hatten.
Und so wie in Vietnam, wo eines der militärisch und wirtschaftlich stärksten Länder der Welt sich in der Gefahr sah, seine Armee gegen einen militärisch und wirtschaftlich drittklassigen Gegner zu verschleißen, ohne eine Entscheidung erzwingen zu können, so zeigten auch die Guerilla-Erfolge in Kuba und Algerien, Mozambique und Angola, daß sich „Guerilla" in unserem Jahrhundert zum selbständigen Prinzip einer gewaltsamen Lösung von Konflikten entwickelt hat. Daß Guerilla offensichtlich deshalb so erfolgreich war und ist, weil sie auf einer Ebene geführt wird, auf der sie mit der „Kriegskunst" einer konventionellen Armee weder bereinigt noch dauerhaft unterdrückt werden kann, ist allerdings in militärischen Kreisen noch nicht allgemein anerkannt. [2])
Daß darüber hinaus aber solche Gruppen sogar versuchen würden, einen hochindustrialisierten Staat wie die Bundesrepublik anzugreifen, wurde ganz allgemein - und nicht nur im militärischen Bereich - bis vor wenigen Jahren für „undenkbar" gehalten, und gilt heute noch für weitgehend „aussichtslos".
Denn dafür scheinen die Unterschiede in den geographischen, den sozialen und politischen Verhältnissen zwischen einem „guerilla-anfälligen Entwicklungsland" und der Bundesrepublik als Industriestaat einfach zu groß. So waren

die Länder, in denen Guerilla-Verbände die Machtstrukturen bisher zerschlugen, überwiegend dadurch gekennzeichnet, daß sie

— von schwer zugänglichen und kaum kontrollierbaren Landstrichen durchsetzt waren,
— dünn besiedelt und nur teilweise erschlossen,
— industriell unterentwickelt und auf Agrarwirtschaft ausgerichtet,
— durch Fremdherrschaft unterdrückt oder zumindest teilweise in ihrer Autonomie eingeschränkt,
— durch ein wirtschaftliches, soziales, religiöses und/oder politisches Spannungsfeld zwischen privilegierten Schichten einerseits und unterprivilegierten bzw. unterdrückten Schichten andererseits belastet und
— deshalb bereits in der Vorphase einer Guerilla mit einem latenten oder erwachenden revolutionären Bewußtsein ihrer Bevölkerung konfrontiert waren.[3]

Die Bundesrepublik dagegen ist im Vergleich zu jenen Staaten

— durch Verkehrswege, Verkehrsmittel und Kommunikationssysteme voll erschlossen,
— wirtschaftlich weit entwickelt und hierin durch die besonderen Bedingungen eines Industriestaates gekennzeichnet,
— im sozialen Bereich teilweise bis an die Grenzen des Perfektionismus organisiert,
— durch ein geringes soziales und innenpolitisches Spannungsfeld und einen Trend gekennzeichnet, der die vorhandenen Spannungen bisher im Bereich von Wirtschaft und (institutionalisierter) Politik weiterhin nivelliert,
— in allen sozialpolitischen Bereichen leichter zu kontrollieren und
— nicht durch eine Fremdherrschaft in der Autonomie und den politischen Artikulationsmöglichkeiten der Bevölkerung eingeschränkt.[4]

Dennoch behauptete 1970 eine bis dahin allgemein unbekannte „Rote Armee Fraktion", „daß die Organisierung von bewaffneten Widerstandsgruppen zu diesem Zeitpunkt in der Bundesrepublik und Westberlin richtig ist, möglich ist, gerechtfertigt ist. Daß der bewaffnete Kampf . . . jetzt begonnen werden kann und muß".[5]

Diese Aussage und mehrere schnell folgende Manifeste und Schriften wurden zur überraschenden Kampfansage einer Handvoll „Stadtguerillas" an einen Industriestaat, der sich bis dahin

— nach außen durch eine hochgerüstete Armee und eine umfassende Bündnispolitik sowie

— nach innen durch das funktionsfähige Modell einer parlamentarischen Demokratie, durch hinreichende wirtschaftliche Stabilität und ein geringes soziales Spannungsfeld

gegen eben solche Versuche geschützt glaubte, Versuche, mit denen nun seine soziale Ordnung und seine politischen Strukturen zerschlagen werden sollten:

— 100 Menschen in der Bundesrepublik wurden in der Folgezeit von Mordversuchen betroffen, 39 starben, 12 andere wurden im Zusammenhang mit weiteren Gewalttaten getötet,

— 75 Menschen wurden bei Sprengstoffanschlägen verletzt[6]) und

— zahlreiche Brandstiftungen, Geiselnahmen sowie sonstige Gewaltaktionen

ließen für die Öffentlichkeit zunächst die konkrete Gefahr einer „Guerilla" in der BRD zur bedrohlichen Realität werden. Als dann jedoch die daraufhin eingeleitete größte Fahndung in der Geschichte der Bundesrepublik vergleichsweise schnell und scheinbar konsequent zur Verhaftung des „Harten Kerns" der Baader/Meinhof-Gruppe führte, schien der Beweis erbracht, daß die Abwehrkräfte dieses Staates auch künftig einer solchen Bedrohung gewachsen seien.

Nun zeigt jedoch ein Blick auf die heutigen gewaltpolitisch orientierten Gruppen des Polit-Untergrundes der BRD, daß

— die Organisation „Rote Armee Fraktion" im Grunde immer noch nicht aufgelöst werden konnte, daß vielmehr

— ihre konspirative Arbeit durch die Haft nur eingeschränkt wird,

— ihr Kampf um „politische Anerkennung" ihrer revolutionären Position aus dem Gefängnis und im Gerichtssaal zunehmend an Effizienz gewinnt und den Staat vor jetzt noch kaum überschaubare Probleme des demokratischen Selbstverständnisses stellen wird,

— zur Zeit weitere Organisationen existieren und noch entstehen, die eine Fortsetzung des Kampfes mit ähnlichen Konzepten planen und somit insgesamt

— die mit der Abwehr betrauten Kräfte trotz enormer Steigerung der Effektivität die Verhältnisse zwar stabilisieren, aber nicht bereinigen konnten.

Demgegenüber ist auf der Seite der „Revolutionäre" des Polit-Untergrundes in der BRD aber auch zu erkennen, daß es bisher keiner dieser Gruppen gelang, auch nur Teilziele zu verwirklichen. Weder gelang ihnen die „Revolutionierung der gesellschaftlichen und innenpolitischen Situation", noch ließen Teile der Bevölkerung, insbesondere die Schicht der Arbeiter und unteren Angestellten, Anzeichen einer Folgebereitschaft erkennen, noch konnten Solidarisierungseffekte mit einer der linksorientierten „Bewegungen" erzielt werden.

Ein so eindeutig negatives Ergebnis führt nun zwangsläufig zu den Fragen,

— warum die Baader/Meinhof-Gruppe mit ihrem Konzept erfolglos blieb,
— ob die sozialen und politischen Strukturen der Bundesrepublik überhaupt durch eine „Guerilla" verändert werden können und
— inwieweit das Potential der heutigen revolutionären Randgruppen der BRD und ihre Konzepte ausreichen, die politische Landschaft unseres Staates zu verändern.

Die Frage nach den Gründen für das Scheitern der Baader/Meinhof-Gruppe in der Bundesrepublik ist zugleich eine Frage nach dem besonderen Konzept, auf dem die Organisation ihren „revolutionären Kampf" aufgebaut hatte. Nun zeigt ein Blick auf das „Phänomen Guerilla" sehr schnell, daß die scheinbar so einfache und klare Vorstellung vom Begriff „Guerilla" als schematisches Erfolgskonzept eine Fiktion darstellt und sich bei näherer Betrachtung zu einer verwirrenden Vielfalt auflöst.

Statt einer Guerilla erkennen wir viele unterschiedliche Erscheinungsformen.

Diese Erscheinungsformen machen insgesamt schnell deutlich, daß „Guerilla"

— kein einheitliches Erscheinungsbild bietet„
— kein bestimmtes „Muster" oder „Rezept" für Beginn, Ablauf und Ende des Konflikts zeigt,
— sich einer eindeutigen Zuordnung zum militärischen, zivilen, sozialen, religiösen, zum nationalen oder internationalen Bereich entzieht und
— insoweit deshalb noch keine Rückschlüsse auf ihre Erfolgsaussichten in der Bundesrepublik zuläßt.

So vielfältig wie die Ausprägungen sind auch die Bezeichnungen in der Fachliteratur. Aber wenn auch die Kriege in China und Vietnam, in Malaya, Uruguay und Angola ganz andere Dimensionen aufweisen mögen, als der „Kampf in der Metropole Bundesrepublik" (RAF), so bilden ihre Konzepte doch zunehmend die Koordinaten eines Konfliktfeldes, das umfassend unter dem Begriff „Guerilla" immer deutlichere Konturen annimmt. Im folgenden soll deshalb unter „Guerilla" verstanden werden:

„Der gewaltpolitisch ausgetragene Konflikt zwischen Staatsgewalt und irregulären/illegalen Organisationen, die unkonventionell und überwiegend verdeckt für politische Zielvorstellungen kämpfen." [7])

Nun sprechen gegen die Erfolgsaussichten einer solchen Guerilla in der BRD zunächst mehrere Gründe. Ein Vergleich der Länder, in denen Guerillas bisher erfogreich waren, mit der BRD zeigt sehr schnell, daß

— alle bisherigen Guerilla-Erfolge in unterentwickelten Ländern errungen wurden und damit zwar für das Konzept der L a n d g u e r i l l a sprechen, über eine Guerilla im Industriestaat aber gar nichts aussagen;

— keine der Stadtguerillas bisher über Anfangserfolge hinausgelangt ist und das trotz eines latenten (teilweise auch offenen) sozialrevolutionären Potentials,[8])

— es trotz der Vielzahl der Guerilla-Konzepte in aller Welt bisher überhaupt noch kein Konzept einer Stadtguerilla gibt, das im I n d u s t r i e s t a a t in die Praxis umgesetzt wurde und der RAF zum Vorbild hätte dienen können.

Die „Rote Armee Fraktion" übernahm das Konzept der Stadtguerilla Lateinamerikas und orientierte ihre Aktionen an den Theorien und Aktionspraktiken Marighellas, Debrays, der Tupamaros, aber natürlich auch Guevaras und Castros.[9])

Die Grundform ihres Konzepts verankerte sie in den Lehren Mao Tse-tungs zum Guerilla-Krieg sowie in der revolutionären Ideologie Lenins. Da dieses Konzept aus einer Vielzahl von Teilstücken zusammengesetzt ist, die jeweils außerhalb der BRD und mit anderem Erfahrungshintergrund entstanden waren, mußte dies zu inneren Widersprüchen führen, die allenfalls durch eine sorgfältige Analyse der politischen und gesellschaftlichen Zusammenläufe hätten gemildert werden können. Statt dessen aber werden mehrere konzept-immanenten Fehler mit beträchtlichem rhetorischem Aufwand wegformuliert, dann aber in der Praxis natürlich wieder sichtbar, wo sie letztlich zum Scheitern führen.

Einer dieser gravierenden Fehler ist beispielsweise, daß die Lehre Mao Tse-tungs vom bewaffneten Kampf auf die Verhältnisse in der Bundesrepublik übernommen wird, und zwar mit der Begründung, sie sei keine „Theorie, die uns aus der Verpflichtung, diesen Kampf vorzubereiten und zu beginnen, entläßt, sondern eine Anleitung, die so konkret ist, daß sie bei der gegebenen Reife der kapitalistischen Gesellschaftsformation überall und unter allen Umständen, unter denen sich die Klassenkämpfe zuspitzen, den Weg des bewaffneten Kampfes sichtbar werden läßt".[10])

Hier wird leichtsinnig ignoriert, daß die Lehren zwar tatsächlich „konkrete Anleitungen" Mao Tse-tungs waren, aber nicht

— für „d i e s e n Kampf" und nicht
— für („u n s") Baader/Meinhof und nicht „ü b e r a l l und
u n t e r a l l e n Umständen", also nicht in der Bundesrepublik.

Vielmehr waren das, worauf die RAF ihre Aktionen grün-
dete, Anweisungen, Ratschläge und Erläuterungen des
„Guerillaführers" Mao Tse-tung an seine „Unterführer" zum
weiteren Handeln. [11])

Aber selbst dort, wo diese Anweisungen nachträglich zu
Lehren generalisiert wurden, blieben sie Schlüsse aus
jenen konkreten Bedingungen und Situationen, die einer
Übertragung auf die völlig andersgearteten politischen,
sozialen, wirtschaftlichen, geographischen und nicht zuletzt
ethnischen Bedingungen der BRD entgegenstehen

Ein weiterer gravierender Fehler liegt darin, daß man zwar
erkennt, daß „die revolutionäre Organisation des Proletariats die Revolution nur dann zum Siege führen kann, wenn
sie zugleich eine militärische ist, wenn die kommunistische
Partei auch eine Rote Armee der revolutionären Klassen
aufbaut", [12]) dabei aber die Diskrepanz ignoriert, daß diese
„Rote Armee Fraktion" von keiner kommunistischen Partei
aufgebaut, geführt oder unterstützt wird. Was als unver-
zichtbarer Bestandteil des Konzeptes und zudem noch als
eine von Mao „überprüfte und bestätigte These"(!) angesehen wird, ist für diesen Kampf der RAF gar nicht vorhanden.

Damit fehlt also die übergreifende Partei, die für das Proletariat „die Verbindung zwischen legalem und illegalem
Kampf, zwischen nationalem Kampf, zwischen politischem
und bewaffnetem Kampf, zwischen der strategischen und
der taktischen Bestimmung der internationalen kommunistischen Bewegung" herstellt und deren Instrument die
RAF hätte sein sollen (wenn man überhaupt die Lehren
Mao's heranzieht).

Und es zeigt das Maß an Selbstüberschätzung, wenn die
RAF diese Aufgaben einer Partei neben ihrer „Praxis"
schließlich auch noch übernimmt. [13])

Als weiterer schwerer Fehler der RAF erweist sich schließlich, daß sie nach einem Konzept angreift, das eine Beteiligung breiter Volksschichten an ihrer „Revolution" voraussetzt.

Im Zusammenhang damit stehen die sich „zuspitzenden
Klassenkämpfe" in der Bundesrepublik, die man durch
einen faszinierenden Etikettenschwindel und in dialekti-
scher Anpassung der Realitäten an Lehrsätze Mao Tse-
tungs auf dem P a p i e r s c h a f f t.

Es wären deshalb hier eigentlich die Argumentationsketten
zu prüfen, mit denen die RAF das fehlende „revolutionäre

Bewußtsein der Massen" (das Mao Tse-tung kategorisch forderte) durch das e i g e n e Bewußtsein ersetzt, sich dann zum „bewußten" Teil der „unterdrückten Massen" erklärt und zu ihrer „Avantgarde" ernennt, um aus dieser Position die Notwendigkeit ihres Kampfes abzuleiten und (nach einem Satz Guevaras) durch revolutionäre Aktionen eine revolutionäre Situation zu schaffen, in der das fehlende revolutionäre Bewußtsein geweckt und gewissermaßen nachentwickelt wird. [14])

Eine Erörterung jener fehlerhaften Argumentation und fehlbewerteten eigenen Position [15]) würde jedoch den Rahmen dieser Arbeit überschreiten. [16])

Das Ergebnis ihrer eigenen Standortbestimmung wird schließlich in der Feststellung erkennbar: „Die Bomben gegen den Unterdrückungsapparat schmeißen wir in das Bewußtsein der Massen." [17])

Dort aber zünden sie nicht, und so scheitert die RAF unter den gegebenen Bedingungen mit einem Konzept, das

— „Lehren" zum Axiom einer Theorie macht, die nicht auf die Verhältnisse der BRD übertragen werden dürfen;

— eine Führungsorganisation („Partei") voraussetzt und erforderlich macht, die der Bevölkerung den eigenen Kampf „erklären", „verdeutlichen" und „rechtfertigen" muß und als „Transmissionsriemen" zur Mobilisierung der Massen benötigt wird, aber nicht existiert;

— ein revolutionäres Bewußtsein der Massen voraussetzt, das nicht nur fehlt, sondern nicht einmal gewaltsam geschaffen werden kann.

Daß sie unter den g e g e b e n e n Bedingungen scheitert, läßt allerdings die Frage offen, wie erfolgreich sich eine solche Stadtguerilla unter v e r ä n d e r t e n politischen, wirtschaftlichen und sozialen Bedingungen in der Bundesrepublik einmal entwickeln könnte, dann also, wenn die von der RAF bisher nur wunschprojizierten Verhältnisse zu realen Bedingungen geworden sind.

Das wäre dann ein Problem, das eine Prüfung des Wirkungsmechanismus dieser „Stadtguerilla" erfordert, also seiner Funktionsfähigkeit und Effektivität.

Mit einem solchen Ansatz stellen wir zunächst fest, daß die Stadtguerilla Baader/Meinhofs anfänglich eine beachtliche Effizienz zeigte, weil sie

— den Staat und die für die Abwehr zuständigen Behörden bzw. Institutionen ü b e r r a s c h e n d traf,

— diese Institutionen weder Erfahrungen mit der Konfliktform noch Kenntnisse vom theoretischen Hintergrund der Guerilla - und erst recht natürlich kein Konzept für die Abwehr eines solchen Kampfes besaßen.

Deshalb legten bereits die ersten Gewaltaktionen die Lücke in dem bis dahin scheinbar „lückenlosen" System staatlicher Abwehr bloß. Diese Lücke ist dort zu sehen, wo die Gewalt

— nicht von a u ß e n gegen den Staat gerichtet wird, also nicht den verfassungsmäßigen Auftrag der Armee berührt und diese damit zunächst „ausspielt", und

— andererseits aber, wenn sie von i n n e n her ansetzt und damit zum polizeilichen Problem wird, gleichzeitig den eigentlichen Auftrag der Polizei überfordert, indem

(1) Vielzahl und Intensität der Aktionen sowie Stärke und Arbeitsweise der Organisation ein so unerwartet hohes Maß an krimineller Energie und teilweise inhumaner Gewalt freisetzen, daß damit der Rahmen überschritten wird, in dem die Polizei von Stärke, Ausrüstung und Ausbildung her ihren Auftrag erfüllen kann,

(2) die politisch motivierten Aktivitäten und Aktionen sich der „geläufigen" Kategorisierung entziehen und damit die Behörden hinsichtlich Ermittlungsarbeit, Fahndung, Prävention usw. vor ungewöhnliche Probleme stellen, die oft genug nicht mit dem „überkommenen" Instrumentarium lösbar sind;

(3) Herkunft, Intelligenz und Fähigkeiten der Täter teilweise ungewohnte Anforderungen und Anstrengungen erfordern,

(4) internationale Unterstützung der Gruppen, internationale Verflechtungen, internationaler Erfahrungshintergrund und Erfahrungsaustausch den nur n a t i o n a l und im polizeilichen Rahmen erfahrenen „Spezialisten" häufig genug überfordern;

(5) die Effektivität der Abwehranstrengungen notwendigerweise erheblich eingeschränkt wird durch Prinzipien der Rechtsstaatlichkeit, der Humanität und Gesetzestreue, aber auch (und teilweise unnötig) durch bestimmte Kompetenzregelungen und -streitigkeiten, Bedenken vor „Öffentlicher Meinung" und dem „Wähler", während die Guerillas ihre Aktionen den Erfordernissen der Situation anpassen können, ohne Regeln und Rücksichten, außer den selbst auferlegten.

Das sind insgesamt die wesentlichen Gründe für die anfänglichen Überraschungserfolge der RAF. Mit den ersten Aktionen aber wird zugleich ein „Lernprozeß" der Abwehrinstitutionen eingeleitet, der - zunächst schwerfällig genug -, dann aber zunehmend schneller zu einem „Wettlauf" mit der RAF wird.

Auf der einen Seite geht es um die Revolutionierung der Massen, damit um Zulauf und Ausdehnung der Organisation.

Auf der anderen Seite geht es um die Aufklärungs- und Erkennungsarbeit, die gerade das Wachsen der Guerilla-Gruppe verhindern soll. Ein Höchstmaß an Personal und Mitteln wird hierzu mobilisiert und endlich sogar ein Konzept für die Abwehr entworfen. Das alles erfolgt auf der Seite der Sicherungsbehörden zunächst improvisiert, überhastet und teilweise nicht allzu effektiv, aber es reicht bereits, um den anfänglichen Vorsprung der „Stadtguerillas" aufzuholen und teilweise sogar von der bloßen R e a k t i o n zur p r ä v e n t i v e n A k t i o n überzugehen. Und damit wird sichtbar, daß das Konzept der Stadtguerilla auch auf d i e s e r E b e n e v e r s a g t, denn

— die Strategie ist nicht daraufhin ausgelegt, den Überraschungserfolg zu nutzen und den Vorsprung zu halten. Sie ist für einen jahrelangen, zähen Abnutzungskrieg konzipiert;

— der Wechsel der Taktik von der „Dschungelguerilla" mit teilmilitärischen Aktionsmustern zur „Stadtguerilla" mit konspirativer Arbeitsweise erfordert einen langwierigen Aufbau von Organisation und Zellen, langwierige Planung und Vorbereitung der Aktionen und mühsame „Nachbereitung" (= Verdeutlichung, Auswertung, Erklärung der einzelnen Schritte für die Bevölkerung).
Und da die Grundlagen dieser Arbeit nicht ausreichend vorher geleistet wurden, verzögert sich das Vorgehen mit jeder weiteren Aktion;

— das eigentliche Dilemma der RAF aber liegt in der Frage der individuellen Anwendung des erforderlichen Terrors, denn ohne massiven exemplarischen Terror scheint eine Revolutionierung der Situation nicht im erforderlichen Maß möglich. [18]) In dem Maße jedoch, in dem man zum Mittel des exemplarischen Terrors greift, verliert man an Attraktivität, Folgebereitschaft und Solidarität in potentiell vielleicht ansprechbaren Kreisen.
In der Bundesrepublik zeigt das Konzept der Stadtguerilla also auch in der P r a x i s Schwächen auf, die im Prinzip begründet sind und deshalb auch in einem Lernprozeß nicht behoben werden können, ohne schließlich das ganze Konzept aufzugeben.
Daneben könnten noch weitere Schwächen erörtert werden, von denen die RAF sagt: „Erfolge der Polizei und des Militärs sind nur durch Zufall, Verrat, taktische Fehler oder durch Überwältigung einzelner Kommandos während einer Operation selbst möglich." [19]) Nun trifft es zu, daß Zufälle zunächst eine erhebliche Rolle bei den Erfolgen der Polizei gespielt hatten. Mit der enormen Verbesserung des Fahndungsapparates jedoch, mit der Vielzahl organisatorischer Maßnahmen, mit dem Kräftezuwachs durch den BGS, so-

wie durch eine erhebliche Anhebung der Mittel fielen aber zunehmend die Fehler der RAF ins Gewicht.

Sie sollen hier aus bestimmten Gründen nicht nachgewiesen werden, gehören jedoch überwiegend in den Katalog der „Sieben Sünden des Stadtguerillero", vor denen Marighella (auf den sich die RAF häufig beruft) warnt.

Es sind:

— Unerfahrenheit,
— Prahlerei,
— Eitelkeit,
— Überforderung der Kräfte,
— Überhastung der Aktionen,
— Angriff im Zustand der Wut,
— mangelnde Planung bzw. Improvisation. [20])

Aus dem Mißerfolg der RAF kann schließlich aber neben der Untauglichkeit des Konzeptes unter den hiesigen Verhältnissen noch eine weitere Erkenntnis für die Zukunft gezogen werden:

Die bisher getroffenen organisatorischen Maßnahmen im Bereich der Sicherheitsbehörden, ihr Ausbau, die beachtliche Anhebung der Mittel, vor allem aber die Entwicklung von Abwehrkonzepten können zwar nicht verhindern, daß weitere Gruppen einen erneuten massiven Angriff mit eben demselben Konzept der Stadtguerilla versuchen. Solche Gruppen werden aber keinen weiteren anfänglichen Überraschungserfolg verbuchen können, wie er der RAF noch gelungen war.

Damit könnte also die Gefahr einer erfolgreichen Guerilla in der Bundesrepublik als beseitigt gelten, wenn nicht seit einiger Zeit Überlegungen angestellt würden, inwieweit ein Guerilla-Modell erfolgreicher wäre, das von vornherein konsequent auf die Beteiligung breiter Bevölkerungsschichten am „Befreiungskampf" verzichtet, damit das eigentlich „hemmende" und schwerberechenbare Element ausscheidet und dafür nun frei und ohne Rücksicht auf die sonst erforderliche Folgebereitschaft und Solidarität der Bevölkerung terroristische Gewalt einsetzen kann.

Diese Überlegungen waren es schließlich, die von der ursprünglichen Bürgerkriegsguerilla zur „Kaderguerilla" führten, einem Prinzip, das konsequent die spezifischen Bedingungen eines Industriestaates nicht nur nutzt, sondern an ihnen geradezu entwickelt wurde, statt aus fremden Verhältnissen übertragen zu werden. Nach diesem Prinzip greifen nicht mehr schließliche „Volksbewegungen", sondern eine Anzahl kleiner, mobiler Kader die Machtstrukturen an.

Wenn wir diese neue Bedrohung für den Industriestaat prüfen, so stellen wir fest, daß bereits der Ansatz des Konzepts sich von den bisherigen Mustern erheblich unterscheidet:

1. Ausgangspunkt der Überlegungen ist die Tatsache, daß die Produktionsbasis des Industriestaates weitaus empfindlicher ist, als die Produktionsbasis anderer Staaten.
   Als „Produktionsbasis" wäre hier zu betrachten:
   die Gesamtheit der Produktionsstätten des Staates, sein Handels- und Verteilersystem, die Energie- und Wasserversorgung, die Kommunikationssysteme, die Verwaltung sowie weitere Bereiche, die für die Erhaltung der öffentlichen Ordnung erforderlich sind.
   Genau genommen ist diese „Produktionsbasis" nicht die Summe ihrer Teilbereiche, sondern das System aller ineinandergreifenden Funktionen, die die Existenz eines Industriestaates wie der Bundesrepublik sichern. Sie sind nun dort besonders verletzbar (und ungeschützt!), wo diese Teilbereiche ineinandergreifen, also an den Verbund- und Schaltstellen.
   Gewaltaktionen, die sich auf diese Stellen richten, wirken sich weit über den unmittelbar betroffenen Bereich hinaus als Funktionsstörung aus und ziehen noch eine Vielzahl (räumlich und sachlich scheinbar entfernter) anderer Bereiche in Mitleidenschaft, indem sie dort zu weiteren Störungen und Ausfällen führen.
   Da es tausende solcher Objekte gibt, wäre der Staat zu keiner Zeit in der Lage, sie alle wirksam zu schützen. Sein Schutzpotential würde dabei vielfach zersplittert und gebunden, ohne dennoch weitere Angriffe und Schäden verhindern zu können.

2. Eine weitere Überlegung schließt sich an:
   Die Störung der Funktionszusammenhänge im Staat ist ja nicht nur durch Zerstörung solcher Objekte mit „Schlüsselfunktion für das Gesamtsystem" möglich, sondern zusätzlich und wirkungsvoller durch Terrror gegen bestimmte Personengruppen, denen ebenfalls eine „Schlüsselfunktion" für das Gesamtsystem zukommt. [21]
   Gelingt es aber einer Guerilla, diese Gruppen durch eine Anzahl schnell aufeinander folgender, harter exemplarischer Terroraktionen dazu zu zwingen, ihre besonderen „Schlüsselfunktionen" im Gesamtsystem auch nur vorübergehend aufzugeben, so kann dies dazu führen, daß das empfindliche System politischer, wirtschaftlicher, sozialer und versorgungstechnischer Funktionen paralysiert und die öffentliche Ordnung bis an den Rand des Zusammenbruchs geführt wird. [22]
   Daß eine solche Lähmung nicht mit den Wirkungen eines Generalstreiks gleichgesetzt werden kann, ist offensicht-

lich, da dieser im Gegensatz zum Konzept einer Kaderguerilla auf dem Willen und der Einsicht der beteiligten Bevölkerung beruht und deshalb dort endet, wo die Existenz des Beteiligten durch eine Fortsetzung des Streiks gefährdet würde. [23])

Dennoch erscheint die Vorstellung, daß ein Staat wie die Bundesrepublik durch exemplarischen Terror an den Rand des Zusammenbruchs gedrängt werden kann, zunächst als „unmöglich". Denken wir es durch:

Für die Kaderguerilla bedeutet das Konzept, daß sie

— auf Sympathie, Rückhalt und Unterstützung der Bevölkerung oder nennenswerter Gruppen verzichten muß,
— ihre Aktionen also mit einem gleichbleibend engen Personenkreis beginnt und beenden muß, deshalb
— ihre Kräfte nur für eine begrenzte Anzahl von Aktionen reichen und
— der zu erwartende Wettlauf mit den Abwehrkräften des Staates sie dazu zwingt, ihre Ziele trotz aller dieser Beschränkungen in kürzestmöglicher Zeit zu erreichen. Das aber erfordert wieder, daß sie
— mehrere Jahre für die Vorbereitung der Guerilla verwenden muß, eine Zeit ständiger latenter Gefährdung durch die staatlichen Ermittlungsbehörden. [24])

Die bisher aufgezählten Probleme müßten wahrscheinlich als unlösbar gelten, wenn nicht eine weitere Prüfung des Modells eine überraschende Einsicht ermöglichte:

Die Abwehrkräfte des Staates, hier zunächst Polizei, Verfassungsschutz und entspr. Institutionen, die von der Stadtguerilla umgangen und „ausgespart" wurden, werden von der Kaderguerilla unmittelbar angegriffen. Selbst ein Bestandteil im Funktionssystem der öffentlichen Ordnung, ist die Effizienz ihrer Arbeit weitgehend von dem Funktionieren dieser öffentlichen Ordnung abhängig. Das bedeutet, daß „Funktionsstörungen" des Funktionssystems auch die Arbeit der Sicherheitsbehörden erheblich beeinträchtigen werden; und damit ist der Kaderguerilla letztlich ein entscheidender Hebel zur Zerstörung staatlicher Macht in die Hand gegeben, der dem Konzept der Stadtguerilla der RAF fehlte.

Hier müßte nun die Bedeutung der Bundeswehr bei der Abwehr einer Kaderguerilla geprüft werden, und zwar für die Phase, in der sie, das „Netz" polizeilicher Kräfte durchschlägt und den Staat unmittelbar bedroht. Aber dazu wäre eine gesonderte Untersuchung erforderlich, für die hier der Raum fehlt. Bereits ohne eine solche Prüfung kann jedoch in Rechnung gestellt werden, daß

— der Verfassungsauftrag des Art. 87 a Abs. 1 - 3 GG den Schutz des Staates nach außen festlegt und den Fall, in dem diese Armee im Innern eingesetzt werden kann, zur Ausnahme macht;

— dementsprechend die Verbände der Bundeswehr nicht für die Ausnahme, sondern für den Auftrag gegliedert, ausgebildet, bewaffnet und (vor allem) psychologisch eingestellt sind;

— ein Guerilla-Konflikt der Eingangsfeststellung entsprechend eben nicht auf der militärischen Ebene mit Aussicht auf Erfolg geführt wird und geführt werden kann und schließlich

— es nicht nur im Selbstverständnis des demokratischen Rechtsstaates, sondern auch im Sinne der Armee liegt, daß die Schwelle des Art. 87 a Abs. 4 GG möglichst hoch angesetzt ist.

Insgesamt wäre für eine künftige Kaderguerilla bereits jetzt abzusehen, daß ihre begrenzte Zahl von Kadern nicht ausreichen würde, die gesamte Macht in einer Situation zu übernehmen, in der die Regierung die Kontrolle über die Verhältnisse verloren hätte, es sei denn, daß hinter ihr eine größere parteiähnliche, vielleicht sogar legale Organisation stände.

In allen anderen Fällen könnten die Ziele der Kaderguerilla nur in bestimmten politischen Teillösungen liegen, also

— erzwungenen Zugeständnissen,

— politischen Kompromissen oder einer

— Teilhabe an der Macht. [25])

Daß solche „Teillösungen" in der politischen Praxis mit Rücksicht auf die Öffentlichkeit über (schein-) legale Stellvertreter-Organisationen realisiert würden, ist bei Konflikten in aller Welt zur Selbstverständlichkeit geworden.

Abschließend ist noch zu prüfen, ob der terroristische Untergrund der Bundesrepublik zur Zeit das Potential und die Konzepte für eine Guerilla aufweist, die eine ernsthafte Bedrohung für die politischen und gesellschaftlichen Strukturen darstellt: [26])

Zunächst fällt auf, daß die Zahl terroristischer Gewalttaten 1974 um etwa 50% höher lag, als im Jahr zuvor [27]) und daß 1975 zumindest kein spürbarer Rückgang erfolgt zu sein scheint, [28]) und daß, obwohl nach der Ausschaltung der RAF noch weitere Organisationen und Einzeltäter verhaftet und konspirative Wohnungen aufgedeckt wurden sowie systematischer Zugang zum politischen Untergrund gesucht und inzwischen teilweise gefunden wurde. Diese Entwicklung im Bereich des Terrorismus ist nicht zuletzt auf die zunehmende Polarisierung der „linken Szene" zurückzuführen, die zur Radikalisierung beiträgt. Gleichzeitig werden darin aber auch terroristische Entwicklungen des

Auslandes spürbar, die über die internationalen ideologischen und „praxisnahen" Verflechtungen Standort und Aktionen extremistischer Gruppen des politischen Untergrundes in der BRD entschieden mitbestimmen.

Dieser politische Untergrund - und nur der soll hier betrachtet werden - ist durch eine solche Vielzahl kleiner und kleinster anarchistischer Gruppen gekennzeichnet, daß er fast unüberschaubar geworden ist. Erschwert wird ein Einblick in die Zusammenhänge auch dadurch, daß viele Gruppen sich personell so miteinander verschränkt haben, daß sie fast (oder zeitweise) miteinander identisch sind.

Viele Gruppen sind „ad hoc" Gründungen zu einem sachlich, zeitlich und räumlich begrenzten Aktionszweck. Sie lösen sich anschließend auf oder halten den Schein der Existenz weiterhin aufrecht. Andere Gruppen sind fließende Übergangsformen, die ständig den Kreis der Mitglieder, oft genug ihre Strukturen und teilweise auch ihren Standort ändern. Aus diesen Gruppen sind natürlich jederzeit Gewaltaktionen, insbesondere Sprengstoffanschläge, Brandstiftungen und ähnliches möglich, aber dann als unsystematische Einzelaktionen, überwiegend wahrscheinlich als spontane Protestakte aus aktuellem Anlaß.

Ein konkretes, umfassendes und in sich geschlossenes Aktionskonzept einer Guerilla aber würde einen so großen personellen Umfang an Mitgliedern verlangen, einen so beträchtlichen zeitlichen Rahmen der Vorbereitung und ein so hohes Maß an Disziplin, daß damit diese Gruppen einfach überfordert wären.

Ihrem Wesen nach spontan und organisationsfeindlich, begnügen sie sich heute überwiegend damit, Anleitungen für terroristische Aktionen zu geben und die befreiende revolutionäre Tat zu propagieren. Daneben haben diese Zusammenschlüsse für ihre Mitglieder im Grunde die eigentliche soziale Funktion „Geborgenheit und Anerkennung" in der Gruppe zu finden, was auch und gerade für den „Außenseiter" in einer Gesellschaft von besonderer Bedeutung ist. So kann man also feststellen, daß sich diese Gruppen zwar einig sind in dem Wunsch, das bestehende politisch-soziale System zu beseitigen, aber die Fragen, wer, wann, wie und mit welcher ideologischen Zielvorstellung den Kampf gegen das System aufnehmen darf, verhindert nachhaltig eine gemeinsame theoretische und praktische Aktionssolidarität dieser Gruppen, die - und das kann nicht deutlich genug gesagt werden -, zur Zeit den überwiegenden Teil des statistisch beeindruckenden „revolutionären Potentials" darstellen.

Zusammenfassend kann also davon ausgegangen werden, daß aus den Gruppen dieser „Spontis" und „Anarchos" [29]) jederzeit in Abhängigkeit zu Tagesereignissen mit Gewaltaktionen gerechnet werden kann, daß diese aber eine nur latente, punktuelle Gefahr für die Innere Sicherheit darstellen. Wir werden uns an den Gedanken gewöhnen müssen, daß solche Aktionen zwar mit den Möglichkeiten eines Rechtsstaates in Grenzen gehalten, nicht aber ganz verhindert werden können. Darüber hinaus ist natürlich auch nicht auszuschließen, daß in diesem Bereich zugleich in stark begrenztem Umfang auch ein revolutionäres Potential liegt, das sich unter bestimmten Bedingungen um einen „foco", einen neuen revolutionären Kern, kristallisieren würde.

Neben den Resten der Baader/Meinhof-Organisation sind zur Zeit nur zwei Gruppen erkennbar, deren Kraft zur „revolutionären Initiative" für das Aktionssystem einer Guerilla in der Praxis in Frage käme:

— die Terrorgruppe „Bewegung 2. Juni" (zur Zeit bereits dezimiert und fast ausgeschaltet) sowie

— die „Bewegung der Revolutionären Linken" (BRL).

Beide haben sich nach den Prinzipien der lateinamerikanischen Stadtguerilla organisiert und ihre Konzepte auf übertragenen Elementen der Guerilla-Kriegführung aufgebaut. Die damit verbundenen Probleme sind bereits ausführlich besprochen. Im Gegensatz zu der ideologisch „blassen" und mehr auf Einzelaktionen in der Praxis ausgerichteten „Bewegung 2. Juni" (Entführung des Berliner CDU-Vorsitzenden Lorenz, Ermordung des Berliner Kammergerichtspräsidenten Drenkmann, „Hinrichtung des Verräters Schmükker" usw.) arbeitet die BRL im Bereich der theoretischen Planung und Organisation gründlicher und überlegter, scheint aber heute bereits ihre Grenzen erreicht zu haben und steht im übrigen natürlich vor demselben Dilemma wie die RAF: auch sie will „Basisarbeit" auf „legaler" und „illegaler" Ebene betreiben. Legt sie dabei ihren Schwerpunkt nun auf die illegale Ebene, sind ihre Wirkungs- und Artikulationsmöglichkeiten im Hinblick auf die „breite Masse" beschränkt. Und diese soll den Kampf schließlich einmal tragen. Je mehr sie jedoch auf legaler Ebene arbeitet, um so stärker exponiert sie sich, setzt sich der „Abklärung", der Kontrolle und dem schließlichen Zugriff der Sicherheitsbehörden aus. Ein neues Konzept, das die Bedrohung der Staatsgewalt dort fortsetzt, wo die „Rote Armee Fraktkion" zunächst scheiterte, haben auch diese Gruppen nicht.

So bleibt nur noch die Frage nach der potentiellen Gefahr durch ausländische Terrorgruppen.

Es ist nicht zu bestreiten, daß

— die Zahl der Gewaltverbrechen ausländischer Terroristen-Gruppen in fast allen westeuropäischen Staaten steigt und

— in der Bundesrepublik eine Anzahl extremistischer ausländischer Gruppen, teilweise konspirativer Zellen, erkannt sind, die potentiell und tatsächlich die Innere Sicherheit gefährden.

Nun müssen jedoch diese statistisch erfaßten Tatsachen durch die Feststellung relativiert werden, daß

— die Zahl politisch motivierter Gewaltverbrechen dieser Gruppen in der BRD stagniert und auch nur einen Bruchteil des Gesamtaufkommens ausmachen,[30])

— die Innere Sicherheit bisher durch solche Aktionen nur jeweils punktuell bedroht bzw. verletzt wurde, daß vielmehr

— diese Gruppen primär das Regime ihres eigenen Landes und rivalisierende Gegenorganisationen bekämpfen, nicht aber die Strukturen und Machtverhältnisse der Bundesrepublik; daß

— also Einzelaktionen mit besonderem Aktionsziel gegen die Bundesrepublik nur Ausnahmen sind, bei denen es sich um solidarische oder unterstützende Aktionen für Gruppen der Bundesrepublik handelt oder um Einzelfälle terroristischer Erpressung. Im übrigen aber beschränken sich manche dieser Gruppen in diesem Zusammenhang auf materielle Unterstützung extremistischer Organisationen der Bundesrepublik. Das bedeutet, daß auch im Hinblick auf diese Gruppen zwar Einzelaktionen erfolgen, von „Guerilla" gegen die Bundesrepublik aber auch in Zukunft keine Rede sein kann.

Zum Abschluß kann zusammenfassend gesagt werden, daß wir uns davor hüten sollten, die mögliche Gefahr einer wirksamen Guerilla in der BRD zu übertreiben. Es reichen zur Zeit weder das Potential noch die Konzepte extremistischer Gruppen zu einem auch nur anfänglich erfolgreichen Versuch. Andererseits aber ist es ebenso falsch, davon auszugehen, daß die Abwehr solcher Aktionen und „Guerillas" uns „noch Jahre" beschäftigt (und damit eine schließliche Bereinigung indirekt in Aussicht gestellt wird).[31]) Wir werden uns vielmehr daran gewöhnen müssen, daß solche Aktionen und Aktionssysteme das Bild unserer politischen Landschaft unübersehbar künftig mitbestimmen werden. Gleichzeitig werden wir uns darauf einrichten müssen, daß solche Aktivitäten früher oder später auch neue Formen des gewaltpolitischen Kampfes entwickeln und anwenden. Und eine solche Form ist die „Kaderguerilla".

Anmerkungen:

[1] Diese Bezeichnungen wechselten jeweils, sobald die allgemeine völkerrechtliche Anerkennung des Machtwechsels erfolgt war.

[2] Vgl. Beaufre, André, „Die Revolutionierung des Kriegsbildes" Stuttgart 1973:
Beaufre reduziert die Erfolgskriterien einer Guerilla auf den „Handwerklich-militärischen" Bereich und läßt gerade die politischen Erfolgsgrundlagen außer acht; gerade der Fehler, der in vielen Guerilla-Konflikten bereits mehrfach zur Niederlage der Militärs beitrug.
Zuzustimmen ist dagegen Hahlweg, der sehr klar die Wurzeln der Guerilla-Erfolge im zivil-politischen Bereich herausarbeitet. Vgl. Hahlweg, Werner, Guerilla - Krieg ohne Fronten, Stuttgart 1968.

[3] Vgl. zu den Bedingungen im einzelnen:
Taber, Robert, Der Krieg der Flöhe - Guerilla: Theorie und Praxis, München 1969.
Zur Problematik der Landguerilla vgl. insbesondere
Hahlweg, Guerilla - Krieg ohne Fronten, Stuttgart 1968.

[4] Die Feststellung erfolgt in diesem Zusammenhang in Kenntnis der erheblichen (ideologisch begründeten und dialektisch geführten) Diskussion im Bereich links- und rechtsextremistischer Gruppen. Eine Erörterung ist jedoch hier aus drucktechnischen Gründen nicht möglich.

[5] RAF, Das Konzept Stadtguerilla, in: Schubert, Alex, Stadtguerilla - Tupamaros in Uruguay, Berlin 1971.

[6] Die Angaben erfolgen nach Feststellungen des Bundesjustizministeriums und entsprechen dem Stand vom 30. 6. 1975.

[7] Diese Definition ist einer noch nicht veröffentlichten Arbeit des Verfassers zur Wirksamkeit militärischer Strategie im Guerilla-Konflikt entnommen. Sie trägt gerade dem politischen Element einer Guerilla Rechnung (vgl. Anmerkung [2]).
Das Element der „Volksmassen" scheint dagegen nicht unbedingt und überall notwendiger Bestandteil solcher Guerillas zu sein, die - wie Kuba gezeigt hat - auch ohne breite Volksbeteiligungen auskamen, wie sie aus propagandistischen Gründen später teilweise „nachgeschminkt" wurden. Vgl. hierzu auch:
— Giap, Vo Nguyen, People's War, People's Army, New York - Washington - London 1965, S. 48,
— Guevara, Ernesto, Guerilla-Theorie und Methode, Berlin 1968, S. 16,
— Mao Tse-tung, Theorie des Guerilla-Krieges, Reinbek 1966, S. 46.

[8] Zur Frage, ob in Lateinamerika überhaupt mit diesem Konzept abschließende Erfolge erzielt werden können, siehe:
Allemann, Fritz René, Macht und Ohnmacht der Guerilla, München 1974, S. 43 9 ff.

[9] RAF, a. a., O., S. 122: „Das Konzept Stadtguerilla stammt aus Lateinamerika. Es ist dort, was es auch hier nur sein kann: Die revolutionäre Interventionsmethode von insgesamt schwachen revolutionären Kräften".

[10] Kollektiv RAF, „Über den bewaffneten Kampf in Westeuropa", Berlin 1971, S. 28.

[11] Daß es sich immer wieder um konkrete Bezüge zur damaligen Situation handelt, ist in einer Fülle von Beispielen nachweisbar, vgl. z. B. Mao Tse-tung, Allgemeine Werke, Bd. II, S. 100, 102.

[12] Kollektiv RAF, a. a. O., S. 5.

[13] RAF, Das Konzept Stadtguerilla, in: Schubert, Alex, Stadtguerilla, Berlin 1971, S. 129.

¹⁴) Wenn das Bewußtsein der Massen noch nicht geweckt ist und wir dennoch einen Angriff unternehmen, so ist das Abenteurertum, Mao Tsetung, Allgemeine Werke, Bd. IV, Peking, S. 259.

¹⁵) Horst Mahler bezeichnete während seiner Haftzeit 1974 den Status, den die Gruppe sich mit dieser ideologischen Argumentation zugelegt hatte, selbstkritisch als „elitär" und „überheblich".

¹⁶) Vgl. im einzelnen: Müller-Borchert, Guerilla im Industriestaat - Ziele, Ansatzpunkte und Erfolgsaussichten, Hamburg 1973, S. 103 ff.

¹⁷) Kollektiv RAF, „Über den bewaffneten Kampf in Westeuropa", Berlin 1971, S. 59 und: „Das Warten auf die revolutionäre Situation und das unvermeidliche und verhängnisvolle Zögern, wenn sie eingetreten ist, gehören nach den Erfahrungen der Volkskriege einer vergangenen, noch unreifen Epoche der Revolutionsgeschichte an" (a. a. O., S. 57).

¹⁸) Die Diskussion um die ideologische Definition des beabsichtigten exemplarischen (individuellen) Terrors stellte die RAF vor eine erhebliche Zerreißprobe und hatte im übrigen beachtliche Auswirkungen auf das Verhältnis der Gruppe zum „linken Lager". Eine Darstellung der erheblichen Problematik um den Begriff des individuellen Terrors wäre hier jedoch nur für den Fachmann interessant und würde zudem den Rahmen der Arbeit übersteigen. Einen Einblick in einen Teil der entsprechenden Theorie-Diskussion und die damit verbundenen erheblichen dialektischen Schwierigkeiten, in der Frage des individuellen Terrors mit Lenin (gegen Lenin) zu argumentieren, gibt:
RAF, a. a. O., S. 33 ff.

¹⁹) Kollektiv RAF, a. a. O., S. 30.

²⁰) Marighella, Carlos, Minihandbuch des Stadtguerillero.

²¹) Vgl. im einzelnen hierzu: Müller-Borchert, Guerilla im Industriestaat, Hamburg 1973, S. 125 ff und 152 ff mit einer Darstellung der gefährdeten Objekte und bedrohten Bevölkerungsgruppen.

²²) Unter dem Begriff „Terror" ist hier zu verstehen:
„Die systematische Erzeugung von Furcht durch Anwendung oder Androhung von Gewalt, zu dem Zweck, den Willen der Betroffenen im Sinne der eigenen Ziele zu bilden, beugen oder auszuschalten".
Vgl. hierzu: Müller-Borchert, Zum Problem des internationalen Terrorismus - Flugzeugentführungen, Menschenraub, Kaderguerilla; in: RIAS-Funkuniversität, 1975.

²³) Vgl. hierzu:
Hochhuth, Krieg und Klassenkrieg, Reinbek 1971, S. 226 mit einer sehr treffenden kurzen Darstellung.

²⁴) Aus der Kenntnis der Vorbereitungsphasen anderer erfolgreicher Guerillas (bis zu 5 Jahre) im Vergleich mit den Aufgaben der Kaderguerilla wären fünf Jahre und mehr wahrscheinlich nicht zu hoch angesetzt.

²⁵) Vgl. Müller-Borchert, Guerilla im Industriestaat, Hamburg 1973, S. 141 und 143.

²⁶) Das Innenministerium spricht von
— 24 im Untergrund lebenden „gefährlichen Terroristen, die den Sicherheitsbehörden namentlich bekannt sind und die mit Haftbefehl gesucht werden", von
— einem „weiteren Umfeld von gefährlichen Mittätern, deren Zahl unter 100 liegt", von
— 200 bis 300 „aktiven Sympathisanten, die als Unterstützer oder Begünstiger in Betracht kommen" sowie von einem Kreis
— zwischen 2 000 und 3 000 Personen, die als potentielle Sympathisanten in Frage kommen".
Vgl. Rede des Innenministers in der Sicherheitsdebatte des Deutschen Bundestages am 12. 6. 1975.

²⁷) Einige Zahlen aus dem Jahr 1974:
Brandstiftungen 57 (1973: 42), Sprengstoffanschläge 37 (1973: 19), Mordanschläge: 5 (1973: 6).

²⁸) Zahlen lagen bei Redaktionsschluß noch nicht vor.

²⁹) Polit-Jargon, Bezeichnung für diese anarchistischen Gruppen und Einzelgänger.

³⁰) Einige Vergleichszahlen aus dem Jahr 1974:
Der Anteil der Gewaltakte ausländischer Gruppen und Personen in der Bundesrepublik am Gesamtaufkommen
— bei Terrorakten 10 (von insges. 109),
— bei sonstigen Gewaltakten 77 (von insges. 730).

³¹) Vgl. die Rede des Innenministers a. a. O. 1975, die die Situation geschickt formuliert, in diesem entscheidenden Punkt herabspielt und damit für Parlament und Öffentlichkeit „akzeptabel" macht, leider aber nicht die Einsicht vermittelt, daß dem Staat und den Sicherheitsbehörden in dieser Hinsicht Grenzen gesetzt sind, die ohne Verletzung existenzieller demokratischer Prinzipien nicht überschritten werden können.

Ulrich Wegener, geb. 1929, seit 1958 beim
Bundesgrenzschutz; Offiziersausbildung,
verschiedene Verwendung in
Grenzschutzverbänden; Stabsverwendung im
Bundesministerium des Innern, von 1970-72
Verbindungsoffizier zum Minister-Büro des
damaligen Innenministers Hans-Dietrich
Genscher; im Oktober 1972 mit der
Aufstellung des Spezialeinsatzkommandos
GSG 9 (Grenzschutzgruppe 9) beauftragt;
seither Kommandeur dieser Einheit; er
absolvierte Lehrgänge an verschiedenen
ausländischen Ausbildungsakademien, u. a.
an der FBI-Akademie.

Ulrich Wegener

Bekämpfung des Terrorismus durch Spezialeinheiten im Rahmen des Sicherheitskonzepts der Bundesrepublik Deutschland

Ein Rückblick und eine kurze Lagebeurteilung der inneren Sicherheit in den Jahren 1970 bis 1972 lassen folgende Konturen erkennen:

Zahlreiche Sprengstoffanschläge, Raubüberfälle und andere terroristische Aktionen der Baader-Meinhof-Bande oder wie sie sich selbst nennt - der „Roten Armee Fraktion" - verunsicherten die Öffentlichkeit.

Anschläge gegen israelische Einrichtungen und Flugzeugentführungen palästinensischer Kommandos verbreiteten Schrecken, Unsicherheit und das Gefühl der Bedrohung nicht nur in der Bundesrepublik.

Wie sah es nun mit den Gegenmaßnahmen aus?

Um es auf einen kurzen Nenner zu bringen: Die vorhandenen polizeilichen Kräfte waren mit ihren konventionellen Mitteln und den üblichen Verfahren nicht in der Lage, Aktionen terroristischer Täter wirksam zu bekämpfen.

Dies zeigte sich besonders deutlich im Einsatz der Polizeikräfte gegen das Kommando des „Schwarzen September" nach dem Anschlag auf die israelische Olympiamannschaft am 5. September 1972 in München. Hier offenbarte sich eine Lücke im Sicherheitssystem der Bundesrepublik.

Was war eigentlich anders bei diesem polizeilichen „Gegenüber"?

— Es handelte sich nicht um Einzeltäter „normaler" Prägung.

147

— Die Terroristengruppen waren auf ihren jeweiligen Auftrag vorbereitet, waren straff geführt, waren gut ausgerüstet und schwer bewaffnet.

— Sie waren mit Masse paramilitärisch ausgebildet.

— Planung und Durchführung ihrer Aktionen erfolgten nach Grundsätzen und Methoden der Guerilla-Kriegführung.

— Eine politische Zielsetzung und ein ideologischer Hintergrund waren erkennbar.

— Die meisten Aktionen, vor allem die der Palästinenser, waren auch dazu bestimmt, die Aufmerksamkeit der Weltöffentlichkeit auf ihre besonderen politischen Probleme zu richten.

Wenn man kurz zusammenfaßt und die Mängel, die bei der Bekämpfung von terroristischen Banden aufgetreten waren, aufführt, wären folgende besonders herauszustellen:

— Das Fehlen eines speziellen gegen den Terrorismus eingesetzten nachrichtendienstlichen Aufklärungsapparates als Voraussetzung für eine wirksame Bekämpfung.

— Das Nichtvorhandensein von Spezialeinheiten mit unkonventionell und hart ausgebildetem, ausgesuchtem Personal, das auf den Auftrag motiviert war.

— Mängel in der Ausrüstung und Bewaffnung.

— Das Fehlen taktischer Konzepte.

Entsprechende Konsequenzen wurden von der Innenministerkonferenz des Bundes und der Länder schon im September 1972 auf Grund einer Initiative des damaligen Bundesinnenministers H. D. Genscher gezogen: Die für die innere Sicherheit politisch Verantwortlichen beschlossen die Aufstellung von Spezialeinheiten des Bundes und der Länder zur Bekämpfung von Terroristen.

Aber wie sollten diese Einheiten aussehen?

Mit einem koventionellen polizeilichen Organisations-Modell war nichts zu machen, das heißt: alte Fehler durften nicht wiederholt, neue Wege mußten schon bei der Aufstellung beschritten werden. Wenn nun die Entstehung der Spezialeinheiten behandelt wird, soll aus begreiflichen Gründen in erster Linie die Grenzschutzgruppe 9 (GSG 9) in den Mittelpunkt gestellt werden.

Der Auftrag für die Spezialeinheiten des Bundes und der Länder, wie im entsprechenden Konzept der Innenministerkonferenz vom 15. Februar 1974 später endgültig festgelegt wurde, mußte bei der Aufstellung, für die Ausbildung und Ausrüstung zugrunde gelegt werden. Aber der Wortlaut des Innenministerkonferenz-Konzepts gab nicht allzuviel her: „Einheiten für die Bekämpfung von Terroristen sind für folgende Aufgaben aufzustellen:

— Bewaffneter Einsatz gegen gewalttätige Terroristen,

— Einsatz bei schweren Kriminalfällen, die besonders ge-
schulte Kräfte erfordern,
— Durchführung strafprozessualer Maßnahmen mit hohem
Gefährdungsgrad,
— Verdeckte Schutzmaßnahmen in Sonderlagen,
— Observationen, die einen Zugriff erwarten lassen, wie
Fahndung in besonderen Fällen."

Das Vorwort wird allerdings etwas deutlicher: „Eine erfolgreiche Bekämpfung der wachsenden Gewaltkriminalität, die
neue, durch Terror und Bandenbildung gekennzeichnete Erscheinungsformen aufweist, ist auf Grund der Erfahrungen
nur mit Polizeikräften möglich, die in besonderer Weise
dafür ausgebildet, ausgerüstet und organisatorisch zusam-
mengefaßt sind."
Daraus ergab sich die Konsequenz: Nicht der polizeiliche
Einzeldienst konnte diesen Forderungen entsprechen, sondern ausschließlich Sondereinheiten waren für diese Aufgaben zu verwenden. So entwickelte die GSG 9 innerhalb
eines Jahres eine Konzeption für ein Organisations-Modell,
für die Ausbildung sowie für die entsprechende Ausrüstung,
die ausschließlich „Gegner"-orientiert war. Gründliche
Analysen der taktischen Grundsätze des Guerillakampfes
wie sie von Marighella im „minimanual del guerrillero urbano" beschrieben oder von anderen Guerilla-Klassikern
wie Guevara, Mao Tse-tung und Debray gelehrt wurden,
waren vor allem der Ausbildungsplanung vorausgegangen.
Als Grundlage dienten ebenfalls Analysen der taktischen
Verfahren und der Kampfführung, die von terroristischen
Gruppen bisher bei ihren Aktionen in Europa angewandt
wurden. Hiernach wurden Pläne für die Aufstellung eines
Spezialverbandes entworfen, der in überwiegendem Maße
unkonventionelle Züge tragen mußte. Die Aufstellung von
Spezialeinheiten in den Ländern (z. B. mobile Einsatzkom-
mandos), die für Observation und Fahndungsaufgaben bzw.
für sogenannte verdeckte Zugriffe hauptsächlich gegen den
Einzeltäter eingesetzt werden sollen, hatte inzwischen auch
eine Abgrenzung und Abstufung des Einsatzauftrages der
Ländereinheiten zur GSG 9 gebracht, der im besonderen
Auftrag für die GSG 9 durch die Innenministerkonferenz zum
Ausdruck kommt.
Die GSG 9 ist zur Erfüllung polizeilicher Aufgaben in Fällen
besonderer Bedeutung vorgesehen. Sie kann vor allem dann
eingesetzt werden, wenn die Lage ein geschlossenes Vorgehen - offen oder verdeckt - unter Anwendung unmittelbaren Zwanges gegen Gewalttäter erfordert. Das ist insbesondere dann der Fall, wenn bandenmäßig organisierte
Terroristen in größerem Umfang tätig werden. Die GSG 9

sieht daher die militante, nach Guerilla-Methoden kämpfende Bande als ihr „Gegenüber" an und stellt sich darauf ein.

Zur Zeit besteht die GSG 9 als Spezialverband des Bundes aus:

— einer Führungsgruppe
— drei Einsatzeinheiten
— drei technischen Gruppen
— einer Ausbildungseinheit
— einer Hubschrauberkette

sowie Versorgungsdiensten.

Bei der Führungsgruppe handelt es sich um ein kleines taktisches Führungselement, das nach dem Grundsatz arbeitet: geführt wird von vorn! Dadurch sollen die Nachteile konventioneller Befehlsstellen hinsichtlich der taktischen Unbeweglichkeit ausgeschlossen werden. Wichtigste Aufgaben der Führungsgruppe sind:

— die Führung des Verbandes im Einsatz
— Beschaffung und Auswertung von Aufklärungsergebnissen als Voraussetzung von Führungsentschlüssen durch Verbindunghalten mit den Nachrichtendiensten
— Bereitstellen der Führungsmittel konventioneller und spezieller Art für den Einsatz der Einheiten
— Erstellen von taktischen Konzepten und Richtlinien für die Ausbildung nach Erkenntnissen über den terroristischen Gegner.

Die Fernmelde- und Dokumentationseinheit hat neben der normalen Aufgabe - Herstellen und Halten von Verbindungen innerhalb des Verbandes und anderen eingesetzten Polizeiorganisationen - die Aufgabe, besondere Fernmeldemittel bei entsprechender Lage einzusetzen. Die drei Einsatzeinheiten mit je 1 Führungstrupp und 5 Spezialeinsatztrupps sind vielseitig verwendbar. Der sogenannte Spezialeinsatztrupp hat die Gruppe alter konventioneller Prägung ersetzt. Seine taktischen Vorteile sind folgende:

— Straffere Führungsmöglichkeiten
— Höhere Beweglichkeit
— Bessere Verbindung
— Vielseitige Verwendung und hohe Feuerkraft
— Austauschbarkeit der Angehörigen in allen Funktionen
— Bessere Reservebildung innerhalb der Einheit.

Der Spezialeinsatztrupp ist die kleinste taktische Teileinheit, die von der GSG 9 eingesetzt wird; ein Einsatz von einzelnen Beamten ist nicht vorgesehen. Der Einsatz der Einheiten kann im Einsatzanzug, in Zivil oder in Tarnbekleidung erfolgen. Die moderne Ausrüstung und Bewaffnung der Einheiten reicht vom Revolver „38 special" über Maschinenpistolen und andere konventionelle Waffen bis zu Schalldämpfer - und weiteren Sonderwaffen. Die Einsatzeinheit der GSG 9 kann in einer anderen Lage an Stelle der Spezialeinsatz-trupps 10 Scharfschützen oder Präzisionsschützentrupps mit Spezialgewehren sowie Tages- und Nachtzielgeräten einsetzen.

Das bedeutet: Eine Einheit der GSG 9 kann in einer entsprechenden Lage entweder als Sturm- oder Spezialeinsatz-kommando z. B. zum Sturm eines von Terroristen besetzten Objektes zur Befreiung von Geiseln oder als Präzisions-schützenkommando eingesetzt werden. Der Einsatz erfolgt dabei jedoch in jedem Fall nach den Grundsätzen der Verhältnismäßigkeit. Auch ein gemischter Einsatz wäre möglich. Weiterhin kann die GSG 9 unter einer Führungsgruppe eine der drei Einheiten geschlossen, z. B. als Spezialeinsatzkommando zur Befreiung von Geiseln, einsetzen und die 2. Einheit als Präzisionsschützenkommando zur Unterstützung. Drei technische Gruppen mit Sprengstoffspezialisten, Tauchern und Spezialisten auf anderen Gebieten haben einmal die Aufgabe, die Einheiten im Einsatz als Spezialeinsatzkommandos zu unterstützen, z. B. durch Sprengungen oder unkonventionelles Öffnen von Türen und Beseitigen von anderen Hindernissen, zum anderen zum Erkennen und Entschärfen von subversiven Kampfmitteln, wie selbstgebastelter Rohrbomben und ähnlicher Art. Die Mobilität des Verbandes wird durch zwei Varianten sichergestellt:

1. durch eigene Hubschrauber, die im Verband nicht nur zum Transport, sondern auch zu taktischen Zwecken verwendet werden, sowie
2. durch schnelle Einsatz-Kraftfahrzeuge der oberen Leistungsklassen.

Spezialgeräte aller Art einschließlich leicht gepanzerter Sonderwagen ergänzen das Gerät der Einheiten im Bedarfsfalle. Das taktische Konzept der GSG 9 beruht auf straffer, beweglicher Führung, auf hoher Mobilität, Überraschung, auf überlegenem und variablem Waffeneinsatz, auf Selbstkontrolle eines jeden Mannes und - List. So ist zum Beispiel in vielen Lagen ein koordinierter Einsatz von luftbeweglichen und motorisierten Kräften kennzeichnend für die taktische Linie der GSG 9. Von jedem Führer der GSG 9 wird in erster Linie Beweglichkeit, Entschlußfreude, Einfallsreichtum, Mut zur Verantwortung gefordert und die Bereitschaft, Listen und Tricks bei jeder Gelegenheit auftragsbewußt anzuwenden. Die sechsmonatige Sonderausbildung in der GSG 9 soll die Grundlage für die Einsatzforderungen legen. Nach einem entsprechenden Auswahlverfahren (Durchfallquote 30 bis 40 v. H.) beginnt die dreimonatige Basisausbildung, ein Ausbildungsabschnitt, dessen Ausbildungsziel der motivierte Einzelkämpfer ist. Hauptausbildungsbereiche sind:

— Sport, hierbei besonders Karate

— Polizeiverwendung
— Rechtskunde
— Waffen- und Schießausbildung
— Psychologie

Dieser erste Ausbildungsabschnitt dient vor allem dazu, den Mann für die Aufgaben der GSG 9 in jeder Beziehung, vor allem auch psychologisch, fit zu machen. Im zweiten Teil, der sogenannten Spezialausbildung, stehen im Vordergrund:

— die Ausbildung im Team, im Spezialeinsatztrupp, in der Einheit
— die Ausbildung von Spezialisten, wie Präzisionsschützen und Fernmelder und technisches Personal
— die Ausbildung in besonderen Einsatzarten, wie z. B. die sogenannte Anti-Hijacking-Ausbildung, die Luftlandeausbildung und das Hochgeschwindigkeitstraining
— die taktische Ausbildung, besonders das Durchspielen von Lagen mit Spezialeinsatztrupps, Einheiten und im Verband an wechselnden Orten wird schwerpunktmäßig betrieben.

Den taktischen Übungen gehen Fallanalysen aus psychologischer Sicht voraus.

In gemeinsamen Übungen mit den Polizeien der Länder wurden und werden Zusammenarbeit, Alarmverfahren, Verlegungsmöglichkeiten, Marschzeiten bis in die entferntesten Teile der Bundesrepublik erprobt. Seminare über Methoden und Ideologien terroristischer Gruppen runden die Ausbildung ab. Der Erfahrungsaustausch mit ausländischen Sicherheitsorganen über neue Taktiken und technische Einsatzmittel und die Ausbildung von Führungspersonal an ausländischen Trainingszentren, z. B. an der FBI-Academy Quantico, sowie die Ausbildung ausländischen Personals bei der GSG 9 bieten die Gewähr, nicht „betriebsblind" zu werden. Von den drei ausgebildeten Einsatzeinheiten steht eine Einheit jeden Tag zum Einsatz bereit. Moderne Alarmverfahren ermöglichen die Herstellung der Einsatzbereitschaft in kürzester Zeit. Vorbereitete Einsatzunterlagen der wichtigsten möglichen Einsatzorte in der Bundesrepublik werden in der Einsatzzentrale der GSG 9 bereitgehalten. Die beiden Einsatzvarianten der GSG 9, Hubschrauber und schnelle Pkws, ermöglichen kürzeste Marschzeiten an die Einsatzorte.

Einige Medien haben den Vorwurf verbreitet, die Grenzschutzgruppe 9 sei eine teure Einheit, aber noch nie eingesetzt worden. Diesen kritischen Stimmen ist folgendes entgegenzuhalten: Die GSG 9 hat in den letzten Jahren eine Reihe von Einsätzen durchgeführt, die zwar nur präventiver und nicht spektakulärer Art waren. Verständlicherweise bestand dabei nicht immer Interesse daran, die Aufmerksamkeit der Öffentlichkeit zu erwecken. Zum anderen darf an dieser Stelle nochmals auf den Auftrag der GSG 9 verwiesen werden, nämlich den geschlossenen Einsatz gegen terroristische Banden. Seit zwei Jahren haben sich jedoch Aktionen dieser Art zumindest in der Bundesrepublik nicht ereignet. Auch das Vorhandensein der GSG 9 dürfte mit dazu beigetragen haben. Diese unsere Ansicht wird noch erhärtet durch das Ergebnis eines Forschungsberichts der Rand-Corporation im Auftrag des US-Verteidigungsministeriums, der aufzeigt, daß terroristische Aktionen in den Ländern zurückgegangen sind, in denen entschlossene Maßnahmen präventiver und repressiver Art durch die entsprechenden Regierungen veranlaßt wurden.

Im übrigen - wer kann heute mit Überzeugung aussagen, daß die Gefahr von Aktionen terroristischer Gruppen ein für alle Mal gebannt ist. Es ist zu befürchten, daß wir noch andere Zeiten erleben werden. Es ist allerdings davon auszugehen, daß es durchaus weitere Möglichkeiten gibt, das Potential der GSG 9 im Sinne des Auftrages zu verwenden: Die GSG 9 ist selbst kritisch genug zu wissen, daß auch die Spezialeinheit, wie sie jetzt dasteht, kein Patentrezept gegen den Terrorismus darstellt. Aber sie ist auch der Überzeugung, daß die Bundesrepublik heute mit den Spezialeinheiten der Länder, den besonderen Abteilungen des BfV und des BKA und der GSG 9 eine Antwort bereit hält gegen die Bedrohung terroristischer Banden!

Das Ende eines Phänomens? Zusammenfassung und Ausblick

Walter Laqueur, geb. 1921, ist Direktor des
Institute of Contemporary History and Wiener
Library in London, Chairman of the research
council of the Center of Strategic and
International Studies (CSIS) in Washington
und Professor für Neuere Geschichte an der
Universität von Tel Aviv; Mitherausgeber des
„Journal of Contemporary History" und der
„Washington Papers"; Autor u. a. folgender
international anerkannter Standardwerke:
„The Middle East in Transition", „Communism
and Nationalism in the Middle East", „The
Soviet Union and the Middle East", „The
Road to War" (dt. „Nahost - Vor dem Sturm,
Die Vorgeschichte des Sechstage-Krieges im
Juni 1967"), „The Struggle for the Middle
East, The Soviet Union and the Middle East
1958-68", „Confrontation, The Middle East
War and World Politics" (1974) und
„Zionismus - Der Weg zum Staat Israel"
(1975).

Walter Laqueur

Zwölf Thesen
über die Guerilla*

Die bisherige Geschichte von Guerillabewegungen und die aus ihrer Kriegsführung gewonnenen Erfahrungen erlauben die folgende zusammenfassende Betrachtung, wobei die Wirkungsbereiche und Grenzen des Phänomens sichtbar werden. Es liegt im Wesen der Guerilla begründet, daß dieser Versuch, bisherige Erfahrungswerte zu bündeln und zu einem Ergebnis zu kommen, in seinen Ansätzen stärker von Möglichkeiten und Vermutungen ausgehen muß, als von belegbaren Fakten.

1. Die geographische Lage ist von jeher für Guerillas bedeutsam gewesen. Vorzugsweise halten sich Guerilla-Verbände in schwer zugänglichen Gebieten auf (Gebirge, Wälder, Dschungel, Sumpfgebiete). Hier sind sie schwer aufzuspüren, da der Feind seine ganze militärische Macht nicht voll entfalten kann. Solche Gebiete sind geradezu ideal im frühen Stadium der Guerilla-Kriegführung, der Periode der Konsolidierung. Später bieten sie den Guerillas in Gefahrenmomenten Schutz. Relativ ungestört können sie hier leben und wirken, wobei jedoch gewisse Risiken nicht zu übersehen sind. Wie der Feind, so müssen auch die Guerillas die Strapazen des Gebirgsklimas auf sich nehmen. Der Transport von Lebensmitteln und anderem Nachschub in abgelegene, kaum besiedelte Gebiete ist mit Schwierigkeiten verbunden. Wenn die Guerillas ihre Operationen auf diese Gebiete beschränken, sind sie zwar vor dem Feind ziemlich sicher, zugleich aber auch wir-

* Bei diesem Beitrag handelt es sich um einen Vorabdruck von Auszügen aus dem Schlußkapitel des demnächst in London und Boston erscheinenden Buches des Verfassers „Guerrilla - a historical and critical survey". Die Übersetzung des Aufsatzes aus dem Englischen besorgte Eilert Remmers.

kungslos. Denn sie können nur vereinzelte feindliche Vorposten stören, jedoch kaum die eigentlichen Kommunikationsbasen treffen. Sie verlieren den Kontakt zu „den Massen". Folglich wäre das ideale Guerilla-Gebiet eine relativ unzugängliche Gegend in der Nähe von Städten und Dörfern. Neuerdings haben jedoch topographische Bedingungen an Bedeutung verloren. Für die Antiguerilla ist das Aufspüren der Rebellen leichter geworden. Außerdem hat durch den Urbanisierungsprozeß das ländliche Gebiet seine frühere politische Bedeutung mehr und mehr verloren. Das Dorf kann die Stadt nicht „einschließen", wenn die Mehrheit der Bevölkerung in Städten wohnt. Dies sind nur einige Gründe, weshalb die Guerillas ihr Hauptbetätigungsfeld vom Land in die Städte verlagert haben. War es früher die natürliche Umgebung (Gebirge, Wälder etc.), so ist es jetzt die Anonymität der großen Städte, die den Guerillas Sicherheit und Verborgenheit bei ihren Gewalttaten gewährt.

Guerilla-Bewegungen brauchen Stützpunkte. Ohne ständigen Nachschub können sie nicht wirkungsvoll operieren. Ideal wäre ein Ort auf feindlichem Gebiet außerhalb der Reichweite der Antiguerillastreitkräfte. Solche Basen sind für die Guerillas als Rekreations- und Reorganisationsstätten notwendig. Obwohl „Bewegung" eines der Hauptprinzipien der Guerillataktik ist, ist eine Guerillaeinheit nicht ein „perpetuum mobile". Der Hauptnachteil einer festen Basis ist, daß sie eine ständige Zielscheibe für feindliche Angriffe darstellt. So sind die Guerillas gezwungen, ihre Stützpunkte von Zeit zu Zeit zu verändern, es sei denn, sie hätten „befreite Zonen" geschaffen, die der Feind nicht mehr zerstören kann, nachdem er seine Quellen ausgeschöpft hat. Die Frage des Nachschubs war vor dem 19. Jahrhundert von geringer Bedeutung: Guerillas lebten als reguläre Armeen „vom Lande", Waffen waren noch unkompliziert und konnten an Ort und Stelle hergestellt werden. Je verfeinerter die Waffen, umso mehr wird der Guerilla abhängig vom Nachschub, der dann häufig aus dem Ausland kommt.

Es gibt aber zwei Fälle in der jüngsten Geschichte, daß sich größere Guerilla-Armeen behaupteten und ohne ausländische Waffenhilfe ausdehnen konnten - China und Jugoslawien. Aber sie sind insofern eine Ausnahme, da diese Guerilla-Armeen während eines allgemeinen Krieges entstanden, der viele Möglichkeiten der Beschaffung von Waffen eröffnete. Die entscheidenden Siege der Soldaten Maos und der Partisanen Titos erfolgten erst, nachdem es ihnen gelang, sich aus ausländischen Quellen mit Waffen zu versorgen.

2. Die Aitiologie stellt fest, daß die Tätigkeit der Guerillas sich auf die geographischen Stellen konzentriert, die schon früher Schauplatz militärischer Aktionen waren. Der Krieg der Spanier gegen Napoleon wurde genau dort ausgetragen, wo bereits Viriathus, Sertorius und die Römer miteinander gekämpft hatten. Auch in Tirol, Griechenland, Serbien, Montenegro, Algerien, den Philippinen, Nordchina, Nordvietnam, Kuba, Mexiko und anderen Staaten haben schon früher Guerillakriege oder zumindest örtlich begrenzte Aufstände stattgefunden. Zum Teil ist dies bedingt durch die geographischen Gegebenheiten, zum Teil aber auch durch die geringen Möglichkeiten einer politischen Einflußnahme der jeweiligen Zentralregierung auf die örtlich weit entfernten Randgebiete mit langer Guerillatradition (z. B. Oriente in Kuba, Kabylia in Algerien oder die Nghe An Provinz in Vietnam). Außerdem spielt die kulturelle Tradition eines Landes eine Rolle, die die politische Gewalt entweder begünstigt oder hemmt. Jenseits einer gewissen zivilisatorischen Entwicklungsstufe kann eine Guerillabewegung nur schwer die Unterstützung der Massen finden. Weder der Mittelstand noch die Arbeiter und Bauern in zivilisierten Ländern bringen selbst in einer Zeit schwerer Krisen genügend Begeisterung auf, „in die Berge zu gehen." Was Engels 1870 schrieb - daß unsere Tradition nur den Barbaren das Recht zur Selbstverteidigung gibt, und daß Kulturvölker nach festgesetzten Normen kämpfen - wird a fortiori jetzt deutlich. Sogar im Fall einer feindlichen Invasion und Besetzung wird sich die Mehrheit der Bevölkerung nicht in einen Krieg hineinwagen, der das Risiko einer totalen Zerstörung in sich trägt.

3. Soweit besteht eine negative Korrelation zwischen Guerilla-Kampf und dem Grad wirtschaftlicher Entwicklung. In der Gegenwart hat es nur vereinzelte Guerillakriege der Bauern gegeben, in denen akute landwirtschaftliche Forderungen das auslösende Moment waren (Mexiko, die Philippinen). Andererseits aber stellt in vielen Ländern gerade die Bauernschaft das Hauptkontingent für die Guerilla-Armee, deren Anführer nicht dem Bauernstand angehören. Der Niedergang der traditionellen Bauernschaft unter dem Druck der kapitalistischen Entwicklung (Großgrundbesitzer, demographischer Druck, fallende Preise für landwirtschaftliche Produkte, Naturkatastrophen und andere Unglücksfälle) hat in vielen asiatischen Ländern - in geringerem Maße in Afrika und Latein-Amerika - eine Situation geschaffen, in der arme Bauern, besitzlose Arbeiter, aber auch Bauern des Mittelstandes zu Sympathisanten einer Volksbewegung werden, die Besitzlosen Besitz

verspricht; dabei ist es für sie ohne Bedeutung, daß Anlaß oder Ziel der militärischen Aktion auf einem anderen Gebiet liegen. Die Schwierigkeit der Guerillaführer hat immer darin bestanden, sich dieses revolutionären Menschenpotentials zu bemächtigen angesichts der traditionellen Abneigung der Bauernschaft, sich über die eigene Kirchturmspolitik hinaus militärisch zu engagieren. Diese Hindernisse lassen sich nur im Rahmen eines nationalen Kampfes gegen einen Feind von außen beseitigen (China, Algerien).

4. Im 19. und 20. Jahrhundert können wir drei Hauptarten von Guerillakriegen feststellen. Sie waren gerichtet erstens gegen die ausländische Besatzung während eines normalen Krieges; zweitens gegen die ausländische Besatzung nach der Niederlage der regulären Armee und drittens gegen Kolonialherrschaft. Außerdem ist der Guerillakrieg die bevorzugte Taktik der Separatisten, von Minderheitenbewegungen, die gegen ihre eigene Zentralregierung kämpfen (Vendée, IMRO, IRA, ELF, die Basken, die Kurden, die FLO etc.) Der Guerillakampf gegen einheimische Regierungen ist in Lateinamerika und in einigen anderen Staaten (Burma, Thailand etc.) die Regel. Aber auch dort stehen Nationalismus und Patriotismus als Motive im Vordergrund. Dabei wird die einheimische Regierung als Günstling ausländischer Mächte von den wahren Patrioten gebrandmarkt, die für nationale Einheit und Unabhängigkeit streiten. In China, Vietnam, Jugoslawien, Albanien, Griechenland, den Philippinen und Malaysia wurden Partisaneneinheiten gegen ausländische Besatzungen gebildet, aber sie wurden zu Bürgerkriegstruppen, die den allgemeinen Krieg als Ziel verfolgten. Während des 19. Jahrhunderts ist das traditionelle Ziel der Guerillabewegungen die nationale Unabhängigkeit gewesen, in jüngster Zeit wurden soziale und wirtschaftliche Gründe vorrangig. Aber der patriotische Appell hat immer eine größere Rolle gespielt als die sozial-revolutionäre Propaganda. Castro kämpfte für den Sturz der Tyrannei Batistas; die meisten lateinamerikanischen Guerillabewegungen haben in ihrem Kampf gegen die inländischen Machthaber allgemeine Reformprogramme mehr betont als klar definierte sozialistisch-kommunistische Slogans. Der Ausgang dieser Kriege zeigt, daß die Guerillas gegen ausländische Herrscher größere Erfolge als gegen inländische errungen haben.

5. Der Charakter der kleinen und großen Kriege hat sich in den letzten zwei Jahrhunderten ebenso entscheidend gewandelt wie die Taktik der Rebellion. Das heißt aber

nicht, daß der moderne Guerillakrieg (oder Volkskrieg oder revolutionärer Aufstand) ein vollkommen anderes Phänomen ist als der Guerillakrieg vergangener Zeiten. Organisation (die Rolle der politischen Partei) und Propaganda spielen im modernen Guerillakrieg eine viel größere Rolle als in der Vergangenheit. In einigen Ländern der Dritten Welt ist der Guerillakrieg nur ein Mittel im Kampf um die Macht. Der Guerillakrieg ist niemals „unpolitisch" gewesen; er war dem Charakter nach immer nationalistisch und wurde im Zeitalter der Revolutionen national-revolutionär. Die Freiheitsbewegungen der Dritten Welt haben den marxistisch-leninistischen Wortschwall überbewertet. Das hat dazu geführt, daß westliche Beobachter der Szene sie als weltweite kommunistische Verschwörungen oder als große neue Befreiungsversprechen interpretierten. Die Grundidee all dieser Bewegungen in der Dritten Welt ist der Anti-Imperialismus und die Ablehnung des modernen Kapitalismus. Ihre Ideologie jedoch ist eine Mischung von agrarischem Populismus und radikalem Nationalismus, wobei Nationalismus und Sozialismus beliebig austauschbar sind. Auf den ersten Blick haben diese Bewegungen gewisse Ähnlichkeiten mit dem europäischen Kommunismus (Diktatur, die Rolle der monolithischen Partei); eine genaue Analyse aber zeigt, daß sie vom Sozialismus ebensoweit entfernt sind wie vom liberalen Kapitalismus. Im übrigen ist die Hauptursache für einen Guerillakrieg sektiererisch-separatistisch (religiös-stammesbewußt). Ihre revolutionäre Ideologie ist eine Konzession an die herrschende intellektuelle Strömung und Ausdrucksform.

6. Das Kommando der Guerillas des 19. und frühen 20. Jahrhunderts lag gewöhnlich in den Händen von „Männern aus dem Volke" (Mina, der Empecinado, Andreas Hofer, Zapata, die Anführer der Buren, die IMRO). In unterentwickelten Staaten waren es traditionsgemäß Stammeshäuptlinge oder religiöse Würdenträger. Neuerdings jedoch werden die Kommandos mehr und mehr von jungen Intellektuellen oder Semi-Intellektuellen übernommen. Mit nur wenigen Ausnahmen (Fabio Vasquez, Samora Machel) können wir dieses Phänomen vor allem in Lateinamerika und Afrika beobachten.
In unserem Jahrhundert rekrutiert sich die Guerillaelite Latein-Amerikas, Asiens und der unterentwickelteren Länder Europas vornehmlich aus der sozialen Schicht der mittleren Beamten und nicht selbständigen Angestellten (den „niederen Mandarins"). Gleichermaßen frustriert durch ihre begrenzten Aufstiegschancen und die wirkliche oder scheinbare Notlage ihres Landes optieren sie häufig für

revolutionäre Gewalt, für die Umwandlung einer altmodischen, wirkungslosen Autokratie in ein modernes, effektiveres und notwendigerweise despotischeres Regime. Um die Macht zu erlangen, funktioniert sich die bürgerliche Intelligentsia in eine militärische Führungsschicht um. Diese Form läßt sich nicht auf jede einzelne Guerillabewegung übertragen, geschweige denn auf ihre Anführer; mit dieser Ansicht tut man auch den idealistischen Motiven führender Guerillakader Unrecht. Historisch gesehen liegen aber hier die politischen Motive radikaler Guerillaformationen. In den klassischen Guerillabewegungen gab es kaum Studenten; erst seit kurzem hat ihr Anteil merklich zugenommen. Je zahlreicher sie vertreten sind, um so radikaler ist der Charakter der Guerilla. Man vergleiche z. B. Fatah und PFLP oder die UPA und MPLA in Angola. Militärs sind nur vereinzelt als prominente Guerillaführer aufgetreten; Denis Davidov, Yon Sosa und Turcio Lima in Guatemala, der junge Prestes und später Carlos Lamarca in Brasilien, Grivas, Kaukji Mihailovic und die Whampoa Graduierten unter den chinesischen Kommunisten. Einige Guerillaführer haben nur begrenzte militärische Erfahrung, z. B. die Vendéans, die spanischen Guerillas zur Zeit Napoleons, die jugoslawischen Kommunisten im spanischen Bürgerkrieg, Nasution, die in der französischen Armee kämpfenden Algerier. Jedoch die bedeutendsten Guerillaführer unserer Zeit wie Mao, Tito, Giap, Castro, Guevara und ihre besten Theoretiker waren auf militärischem Gebiet Autodidakten. Die meisten Guerillaführer waren Männer von etwa 30 Jahren, als sie „aktiv" wurden, alt genug, um mit der Erfahrung des Alters und der Aktivität der Jugend ihre Autorität zu beweisen und die Strapazen des Guerillakrieges zu ertragen. Einige waren schon um die 40 Jahre alt (Tito, Mao) oder noch älter (Grivas, einige Burengeneräle, Chu Teh, Marighella). Handwerker fanden nur vereinzelt Zutritt zu den Guerillabewegungen (Korea und Malaysia sind bedeutende Ausnahmen) und noch weniger traten sie als Guerillaführer hervor. Die Führer einer Guerilla, zumindest die erfolgreichen unter ihnen, haben immer auf strenge Disziplin geachtet. Auf sie trifft zu, was Gibbon über Scanderbeg schrieb: „Seine Manieren waren populär, seine Disziplin war hart und jeder unnötige Auswuchs wurde aus seinem Lager verbannt."

7. Die soziale Zusammensetzung: Es ist interessant festzustellen, daß von jeher die Bauernschaft Nährboden für Guerillabewegungen gewesen ist. Doch haben sich die Bedingungen seit dem 19. Jahrhundert von Land zu Land beträchtlich verändert. Die Chouans und die gegen die

Franzosen kämpfenden spanischen Guerillaeinheiten rekrutierten sich, wie die Burenkommandos und die Spatistas, fast ausschließlich aus der Landbevölkerung. Andererseits befand sich unter Garibaldis „Tausend" kein einziger Bauer. IMRO war anfänglich eine überwiegend ländliche Bewegung. IRA, IZL und die Sternbande (im Gegensatz zur Hagana) rekrutierten sich größtenteils aus Städtern. Schmuggler, Wilddiebe, Banditen und andere Subkulturen spielten in einigen Guerillabewegungen des 19. Jahrhunderts eine bedeutende Rolle (Süditalien, Latein-Amerika, der ferne Osten). Je größer der Anteil der bürgerlichen Schichten, um so kleiner ist gewöhnlich die Guerillaarmee (Kuba, Tupamaros). Frauen sind in fast allen Guerillabewegungen vertreten. In den kleinen Gruppen der Stadtguerillas haben sie Schlüsselpositionen eingenommen (Westdeutschland, USA, Korea - hier über ein Viertel der Mitglieder). Vorhandene Daten reichen nicht aus, um festzustellen, ob die Berufe der Rebellen das berufliche Spektrum der Bevölkerung als Ganzes widerspiegeln. Das mag vielleicht für die Philippinen und Algerien zutreffen, nicht aber für Latein-Amerika. Eine von den Franzosen im ersten Vietnamkrieg durchgeführte Untersuchung hat ergeben, daß ungefähr 50% ihrer Kriegsgefangenen als „Kleinbourgeois" galten. In den afrikanischen Guerillabewegungen war der Prozentsatz der städtischen „Kleinbürger" offensichtlich größer als ihr Anteil in der Bevölkerung. Die kleinen Stadtguerillas rekrutierten sich überwiegend aus Studenten oder Jungakademikern. Nur die IRA bildet hier eine Ausnahme.

8. Aus verschiedenen Gründen haben sich immer wieder Männer und Frauen den Guerillabanden angeschlossen. Historisch gesehen dürfte Patriotismus wohl der entscheidende Faktor gewesen sein - die fremdländische Okkupation des Heimatlandes, das Ressentiment gegenüber der Kolonialmacht. Eng damit verbunden ist die persönliche Unzufriedenheit (Demütigung, materieller Verlust, Brutalitäten durch die Besatzungstruppen). Sezessionistische Bewegungen begründen ihren Kampf mit Diskriminierung und Verfolgung ethnischer wie religiöser Minderheiten. Guerillabewegungen gegen einheimische Regierungen bekämpfen offensichtliche politische und wirtschaftliche Mißstände, z. B. Diktatur, ungleiche Einkommensverhältnisse, Unfähigkeit des Regierungsapparates, Korruption und „Verrat", insgesamt „den Anti-Volkscharakter der herrschenden Clique". Landhunger, hohe Zinsraten (Philippinen), der Überfall der „Hazienderos" auf indianisches Gebiet (Mexiko) sind in vorwiegend landwirtschaftlichen Ge-

bieten Ursachen für Guerillabewegungen. Der Hauptgrund aber ist eine Vielfalt persönlicher Motive, angefangen von einem entwickelten sozialen Gewissen bis zur Langeweile, von Abenteuerlust und Romantik des Guerillalebens bis zum persönlichen Ehrgeiz - die Hoffnung auf eine bessere soziale Stellung oder das Streben nach Macht und Einfluß. Der dynamische Charakter der Guerillabewegungen hat schon immer einen starken Einfluß auf junge Idealisten gehabt - Tatendrang, Verantwortungsgefühl, der Kampf Gleichgesinnter für die nationale und soziale Befreiung des Heimatlandes gaben die Impulse. Schon vor 70 Jahren schrieb Maguire und Denis Davidov noch früher: Ein Partisan muß eine Art militärischer Byron sein, seine Taten verlangen einen Flair von Romantik. Das Standvermögen der Guerillas erklärt sich vor allem aus dem ‚esprit de corps', der Loyalität zum Führer und zum Kameraden. Das Gefühl der Zusammengehörigkeit und der Teamgeist scheinen von höherem Wert zu sein als eine ideologische Indoktrination. Gewöhnlich eröffnet der Guerillakrieg dem einzelnen größere Möglichkeiten zur persönlichen Initiative und zum Wagemut als der reguläre Waffengang. Es ist bekannt, daß sklavische Imitation gute „Militärschneider" macht, aber keine Guerillaführer. Jedoch sind die Motive keineswegs nur idealistisch. Der Guerillakrieg bietet eine ausgezeichnete Möglichkeit, seine persönlichen Aggressionen abzureagieren und mit seinen Gegnern abzurechnen. Er vermittelt den bis dato Machtlosen das Gefühl von Macht. Sadismus ist zwar nie offizielle Guerillataktik gewesen. Doch haben Guerillas immer mehr Grausamkeiten begangen als reguläre Militärverbände, die einer strengeren Disziplin unterworfen sind. Das trifft für die Partisanenkämpfe der Napoleonischen Zeit wie für viele Guerillakriege der Folgezeit zu. Der „Gentleman"-Guerilla ist eine Ausnahme (Burenkrieg). Sadismus wurde von IMRO, IRA, den arabischen und afrikanischen Guerillas praktiziert. Die Erfüllung des persönlichen Ehrgeizes rechtfertigt Grausamkeiten, die unter normalen Bedingungen als inhuman gelten. Le Mière de Corvey schrieb schon vor mehr als 150 Jahren, daß es keinen Guerillakrieg ohne Haß und Fanatismus geben könne. Nicht nur die Gewalt an sich, sondern ihre Verherrlichung ist die Grundtendenz. So gesehen bestehen zwischen moderner Guerillabewegung und Faschismus einige Parallelen. Guerillakrieg und, a fortiori, Stadtterror offenbaren Beispiele diktatorischer Praktiken und fortgesetzter Brutalität. Anhänger der Gewalttätigkeit werden nach einem Sieg wohl kaum praktizierende Demokraten und Apostel der Humanität werden.

9. Straffe Organisation, Propaganda und Terror sind von jeher Eckpfeiler des Guerillakampfes gewesen; ihre Bedeutung aber hat im Laufe der letzten Jahre noch zugenommen, und ihre Methoden haben sich verbessert. „Organisation" setzt die Existenz einer politischen Partei oder Bewegung oder zumindest ziviler Randgruppen voraus, die halblegal oder im Untergrund die Guerilla finanziell, ideologisch oder ideell unterstützen. Oft ist die Guerillabewegung identisch mit der Partei (Kuba, Uruguay, Algerien). Oder sie tritt als bewaffnetes Instrument der Partei auf. Überall dort, wo den Guerillas die Verbindung zur politischen Partei fehlte (EOKA, die Sternbande, viele Bewegungen in Afrika und Lateinamerika), konnten sie zumindest mit der Unterstützung unorganisierter Sympathisanten rechnen. Kuba ist das beste Beispiel dafür, wie politische Propaganda in modernen Guerillakriegen größere Bedeutung haben kann als militärische Erfolge. In den Sezessionskriegen innerhalb der Guerillabewegung hat Propaganda nur eine untergeordnete Rolle gespielt. Hier war die Unterstützung aus dem eigenen Volk ohnehin zu erwarten. Keine noch so raffinierte Propaganda würde die Türken von ihrem Recht in Makedonien und auf Zypern (EOKA) überzeugt haben. Sie würde nicht die Iren dazu gebracht haben, sich der IRA anzuschließen. Sie hätte die Iraker nicht bewegen können, mit den Kurden zu kooperieren. Doch sogar sezessionistische Guerillabewegungen wollen die öffentliche Meinung beeinflussen. Denn die öffentliche Meinung ist als Waffe wirkungsvoller, wenn sie gegen Regierungen kleiner Staaten, die von der Unterstützung anderer abhängig sind, eingesetzt wird. Die Massenmedien ermöglichen den Stadtguerillas größere Publizität als den Landguerillas. Einige Länder sind publizistisch interessanter als andere. So berichtet die Weltpresse eher über eine in einem israelischen Garten gefundene Handgranate als über größere Operationen in Burma und Thailand oder auf den Philippinen mit Dutzenden von Toten. Hieraus erklärt sich das Bestreben der Stadtguerillas nach spektakulären Aktionen.

Eine besondere Bedeutung hat die Propaganda in Bürgerkriegen, wenn sich die Mehrheit der Bevölkerung im Kampf zwischen den streitenden Parteien wie gewöhnlich neutral oder passiv verhält. Häufig begünstigt die Apathie der Mehrheit mehr die Guerillas als ihre Gegner. Keine Guerillabewegung hat ihre Ziele nur durch Propaganda erreicht, jedoch ebenso wenig allein durch Terrorismus. Terror wird bewußt als strategisches Mittel zur Demoralisierung und Unterhöhlung der Regierung, zur Demonstration eigener Stärke und zur Einschüchterung von Kollaborateuren angewandt. Die EOKA hat mehr Griechen als britische Soldaten getötet; in der arabischen Revolution von 1936-39 fanden mehr Araber als Juden den Tod; die Mau-Mau ermordete mehr Afrikaner als Weiße. Terror als Kampfmittel wird von den einzelnen Guerillagruppen verschieden beurteilt und eingesetzt. Für die „Stadtguerillas" ist er eine bevorzugte Waffe in ihrem Kampf; in China und Kuba wurde er seltener praktiziert als in Vietnam, Algerien oder Griechenland. Einige Guerillabewegungen lehnen den Terror prinzipiell ab, andere wenden ihn aus strategischen Gründen nur sporadisch an, weil sie ihn für wirkungslos halten und den wachsenden Widerstand großer Teile der Bevölkerung fürchten. Die Wirksamkeit des Terrors läßt sich schwer generalisieren. Seine Effektivität hängt von verschiedenen Faktoren ab. In Vietnam und Algerien hatte er eine beträchtliche Wirkung, im Gegensatz zu Griechenland und verschiedenen lateinamerikanischen Staaten. Viel hängt von der Wahl der Ziele ab, wie leicht es ist, den politischen Gegner einzuschüchtern: ob nur einige Feinde „liquidiert" werden müssen, oder ob der politische Machteinfluß der Regierenden noch weit verbreitet ist. Guerillakriegsführung ist von Insurgenten und ihren Gegnern als ein Kampf um die Gunst der Mehrheit des Volkes definiert worden. Keine Guerillabewegung kann sich auf die Dauer gegen eine überwältigend feindliche Gesinnung der Bevölkerung durchsetzen. Im Licht historischer Erkenntnis sollte man das für eine Guerillabewegung notwendige Maß einer aktiven Unterstützung aus dem Volke nicht überbewerten.

10. Methoden und Organisationsformen zeigen aufgrund des Terrains, der Bevölkerungsgröße und -dichte, der politischen Konstellation etc. enorme Unterschiede zwischen den verschiedenen Ländern. In kleinen Ländern sind Guerillaeinheiten normalerweise klein, in großen dagegen groß. In einigen Ländern sind Guerillaverbände im Laufe der Zeit zu Regimentern und Divisionen regulärer Armeen geworden (Griechenland). Dennoch haben sie ihr Ziel nicht erreicht. In anderen Ländern dagegen waren sie erfolgreich, obwohl sie immer den Status der Guerillas beibehalten haben (Kuba), oder sogar wie in Algerien militärisch geschlagen wurden. Häufig ist die Persönlichkeit des Guerillaführers bedeutsam. Es sei nur an Shamyl und Abd el Kader aus dem 19. Jahrhundert oder an Tito, Castro, Grivas aus der jüngeren Guerillabewegung erinnert. Anderswo ist sie weniger wichtig. Die Tatsache, daß die Franzosen einige Anführer des algerischen Widerstandes gefangengenommen haben, hat den Verlauf des Krieges

nicht im geringsten beeinflußt. Die Führer der vietnamesischen Kommunisten waren entbehrlich, Mao war es wohl nicht.

Laut Definition gibt es keine „Blitzsiege" im Guerillakrieg. Wir kennen Kampagnen von relativ kurzer Dauer (2 Jahre) ebenso wie solche von mehreren Jahrzehnten, Gefechte mit großen Verlusten und völlig unblutige Siege (Kuba, Afrika). Man ist geneigt, die Niederlagen von Guerillabewegungen auf strategische Fehlentscheidungen zurückzuführen. So sollen z. B. die griechischen Kommunisten zu früh die Taktik einer regulären Armee übernommen und die Huks es versäumt haben, auch die Städte in den Kriegsschauplatz einzubeziehen. Das erklärt aber nicht die Erfolge anderer Guerillas, obwohl sie vielleicht noch größere Fehler gemacht haben. Erfolg oder Mißerfolg einer Guerilla hängt nicht nur von ihrer eigenen Standfestigkeit, Klugheit und Entschlossenheit ab, sondern in gleicher Weise auch von objektiven Bedingungen und, last not least, von der Zielstrebigkeit und Fähigkeit des Gegners. Castro war erfolgreich, weil er Batista herausforderte. Die Algerier waren erfolgreich, weil sie gegen die 4. Republik Frankreichs kämpften, gegen ein Regime, das bereits Anzeichen des Verfalls aufwies. Im Gegensatz dazu hatten die griechischen Partisanen und die Huks das Pech, daß ihnen in „Papagos" und „Magsaysay" entschlossene Gegner gegenüberstanden. Trotz aller subjektiven und objektiven Faktoren läßt der unberechenbare Zufall eine sichere Prognose nicht zu. Objektive Maßstäbe machen den Erfolg oder Mißerfolg einer Guerillaaktion nur bedingt vorausberechenbar. Nimmt man einen historischen Prozeß, z. B. die Entkolonisierung, so steht der Sieg einer Guerillabewegung, auch wenn sie ohne Schlagkraft ist, außer Zweifel. Dieser Vorgang aber ist heutzutage abgeschlossen, und somit trifft dieses Argument nicht länger zu. Die Guerillas setzen sich nun mit einheimischen Machthabern auseinander. Immer wieder sind Guerillas erfolgreich gewesen, auch wenn aus objektiver Sicht alles gegen einen Erfolg sprach, und sie waren nicht erfolgreich, auch wenn alles für einen Erfolg sprach. Die Existenz eines großen Führers ist historisch gesehen ein reiner Zufall. Ohne Tito hätten sich die jugoslawischen Partisanen wahrscheinlich nicht in die Berge begeben; für Castro hätte die Invasion Kubas nicht stattgefunden. Das gleiche trifft für den Anti-Guerilla zu. Unter einem eindrucksvolleren, weitsichtigeren und talentierteren Führer als Chiang Kai-chek hätte die KMT den Krieg nicht verloren. Mao war sich dieser Lage durchaus bewußt. Ein Regierungsspitzel im Stab des Guerillakommandos kann für den Ausgang eines Guerillakrieges von entscheidender Bedeutung sein. Der plötzliche Tod oder die Verhaftung eines Guerillaführers ist im frühen Stadium der Insurgenz ein fataler Rückschlag für die Bewegung. Die Huks z. B. haben sich niemals von der zufälligen Verhaftung der meisten ihrer kommunistischen Führer in Manila erholt.

Jedoch kann auch bereits im Frühstadium eines Kampfes eine kleine isolierte Gruppe mehr durch reinen Zufall als durch bessere Strategie entscheidende Siege verbuchen. Mindestens zweimal haben plötzliche Veränderungen auf der internationalen politischen Bühne das militärische Glück der chinesischen Kommunisten entscheidend beeinflußt. Die politische Orientierung vieler Guerillabewegungen war rein zufällig; es war keine historische Notwendigkeit, daß sich die Ovambo (SWAPO) der Sowjetunion zuwandten oder die Herero und Mbanderu die Schriften des Vorsitzenden Mao als ihr politisches Manifest ansahen. Die gegensätzliche Entwicklung von Matabele und Mashona unter den gleichen Bedingungen war nicht vorhersehbar - sie hätte auch umgekehrt verlaufen können.

11. Stadtterrorismus in den verschiedenen Formen ist ein altes historisches Phänomen. Das letzte Jahrzehnt hat eine stärkere Verlagerung von der Land- zur Stadtguerilla erlebt. Moderne Guerillabewegungen haben ihr Kampffeld in die Städte verlagert: z. B. IRA, EOKA, IZL, die Sternbande. Die algerische Guerilla rekrutierte sich zum Teil aus der städtischen Bevölkerung. Weder die Anarchisten des 19. Jahrhunderts noch die russischen prärevolutionären Terroristen betrachteten sich als Guerillas; ihre Morde an einzelnen Vertretern der sie unterdrückenden Macht waren fast ausschließlich „symbolische Handlungen" oder „Strafen", nicht aber Teil einer gelenkten Gesamtstrategie. Im allgemeinen wurden Guerillaoperationen vornehmlich gegen die Armee des Feindes, den Geheimdienst oder strategisch wichtige Einrichtungen unternommen. Die moderne Stadtguerilla jedoch ist in der Wahl ihrer Mittel weniger wählerisch: Banküberfälle, Flugzeugentführungen, Geiselnahme und sogar Mordanschläge sollen ein Klima allgemeiner Unsicherheit schaffen. Solche Aktionen werden von nur kleinen Gruppen ausgeführt; eine Stadtguerilla muß quantitativ klein sein, denn mit der Zahl ihrer Mitglieder wächst die Gefahr der Entdeckung. Eine Stadtguerilla kann nur dann wirkungsvoll operieren, wenn die Machtlosigkeit des Establishments den bewaffneten Banden in der Stadt nicht mehr Einhalt gebieten kann. Bis jetzt hat es diesen Zustand nur selten gegeben; er führte dann auch in nur wenigen Tagen zum Sieg oder zur Niederlage der Insurgenten. „Stadtguerilla" ist ein Euphemismus für

„Stadt-Terror", der in der Öffentlichkeit ein negatives Image besitzt. Die Tupamaros haben ihre Mitglieder immer angewiesen, sich vom „traditionellen Terrorismus" zu distanzieren. Nur einige Randgruppen (Marighella, Baader-Meinhof) proklamieren den Terror. Stadtterrorismus vermag schwache Regierungen zu unterhöhlen oder als Katalysator einer allgemeinen Insurgenz zu wirken; er ist aber nicht ein Instrument der eigentlichen Machtergreifung. Normalerweise können Stadtterroristen keine „befreiten Zonen" schaffen, sie können publizistische Erfolge erringen, nicht aber die Massen beeinflussen oder politische Organisationen aufbauen. Trotz der Tatsache, daß die moderne Gesellschaft weit mehr als die vergangene für terroristische Anschläge und Überfälle empfänglich ist, bleibt der Stadtterrorismus politisch wirkungslos, solange er nicht in der breiten Masse die Unterstützung einer politischen Bewegung (sektiererisch oder separatistisch) gewinnen kann.

12. Guerillabewegungen haben oft interne Schwierigkeiten in ihren eigenen Reihen oder untereinander zu überwinden. In China und Griechenland bestand Uneinigkeit über die zu verfolgende Strategie. Persönlicher Ehrgeiz unter den einzelnen Führern verursachte Konflikte in den eigenen Reihen (Frelimo, Kolumbien). Die Rivalität zwischen der politischen und militärischen Führungsschicht ist ein häufiger Konfliktherd. Moderne kommunistische Guerillabewegungen im Fernen Osten und in Südostasien sind relativ frei von diesen internen Problemen. Normalerweise führten die Rivalitäten auch zu Absplitterungen. Die algerischen Rebellen und die PAIGC konnten die Rivalen in ihren eigenen Reihen schon früh in Schach halten. In anderen Ländern dagegen mußten die Insurgenten ebenso große Anstrengungen gegen ihre Rivalen unternehmen wie gegen den gemeinsamen Feind. (IMRO, Jugoslawien, Albanien, Griechenland, Angola). Ein offener Bruch zwischen den rivalisierenden Gruppen war nur im gemeinsamen Kampf gegen den Feind zu vermeiden. (Mexiko, Mandats-Palästina, Nordirland, Palästinensischer Widerstand heute). Nach der Niederlage des ausländischen Feindes jedoch erfolgte der Machtkampf der einzelnen Guerillagruppen untereinander (Kongo, Angola), oder ehemalige Kriegskameraden werden zu Kriegsgegnern (Bürgerkrieg in Irland).

Die Beurteilung der künftigen Aussichten der Guerillakriege muß sich zunächst auf historische Erfahrung stützen. Was sind die Ursachen solcher Kriege, und wo liegen die Gründe für Erfolg und Mißerfolg? Die Geschichte zeigt, um es zu wiederholen, daß Guerillabewegungen des

19. Jahrhunderts ihre Ziele nur mit Unterstützung einer regulären einheimischen oder ausländischen Armee erreichten. Während des zweiten Weltkrieges hatten sie nur begrenzten Erfolg gegen ausgedehnte feindliche Einheiten. Die Kriege dienten ihnen zur Konsolidierung ihrer Machtposition, um im politischen Vakuum der Nachkriegszeit als erste ihren Machtanspruch geltend zu machen (China, Jugoslawien, Albanien, Vietnam).

Einen mächtigen Auftrieb bekam der Guerillakrieg nach 1945 durch den Zerfall der Kolonialmächte. Diese waren kriegsmüde geworden. Die Kosten für militärische Aktionen gegen noch so wirkungslose Guerillaverbände wurden ihnen zu hoch, so daß sie schließlich ihre Truppen abzogen. In der Vergangenheit hatte der Guerillakrieg gegen die eigene Regierung - mit einer Ausnahme - nur während oder nach einem großen Krieg mit dem Zusammenbruch der Zentralregierung Erfolg gehabt. Die südvietnamesische Regierung war durch die Vietkong-Offensive geschwächt, erhielt aber den entscheidenden Schlag durch eine reguläre Armee. Separatistische Guerillabewegungen können nicht so entscheidende Siege verbuchen. Ihre Zukunftsaussichten hängen zu einem großen Teil von der Höhe ausländischer Hilfe ab. Wenn ihre politischen Absichten begrenzt bleiben (administrative-kulturelle Autonomie) oder wenn ihr Unabhängigkeitsstreben den Staat als Ganzes nicht schwächt, mögen sie unter Umständen Erfolg haben. Die Durchsetzung unannehmbarer Forderungen hat aber nur noch in einer Zeit allgemeiner Krisen (z. B. Krieg) eine Erfolgschance. Die Wirkung einer separatistischen Guerillabewegung ist nur begrenzt, ihr Fortbestehen und ihr Erfolg hängen von dem Grad der Gegenmaßnahmen der jeweiligen Regierungen ab, von Umsiedlung in großem Maße bis hin zur physischen Ausrottung. Seit dem faktischen Ende der Dekolonisation und der großen Kriege sind die Erfolgsaussichten einer Guerillabewegung geringer geworden. Könnte das Beispiel Kuba woanders Schule machen? Mit anderen Worten, könnte eine Guerillabewegung in Friedenszeiten eine amtierende Regierung in dem Maße unterhöhlen, daß sie zwangsläufig zusammenbrechen müßte? Gewisse Entwicklungen begünstigen Aufstandsbewegungen: Stadtterrorismus ist international geworden, er verlangt Unterstützung von ausländischen Regierungen oder anderen Terror-Bewegungen. Gleichzeitig ist die Wirkungskraft der von den Terroristen benutzten Waffen verbessert worden. Während der letzten hundert Jahre waren Gewehre, Maschinenpistolen, Handgranaten oder Bomben die klassischen Waffen der Guerillas. Heute haben die Terroristen moderne Waffen wie z. B.

Raketen zur Verfügung. Leicht können sie Atombomben herstellen oder sich beschaffen.[1]) Jedoch sollte die politische Anwendung nuklearer Erpressung durch Terroristen nicht überbewertet werden - sie ist kein Instrument zur Machtergreifung. Das destruktive Waffenpotential im Staatsbesitz steigt ständig, und es hängt von der Bereitschaft und der Fähigkeit der Regierungen ab, ob und wie man sich dieses Potentials bedient. Das militärische Gleichgewicht hat sich zum Nachteil für die Guerillas ausgewirkt; selten nur können sie einen offenen Schlagabtausch riskieren. Die Skala terroristischer Aktivitäten in Großstädten ist begrenzt (Rückgang der Flugzeugentführungen). Die Möglichkeiten einer Regierung, ihre Macht gegen Terrorbanden einzusetzen, werden häufig durch die öffentliche Weltmeinung und innenpolitische Zwänge eingeschränkt. Nur relativ wenige Länder mit sehr liberalen Verfassungen stehen vor diesem Problem. Ihre Zahl sinkt ständig, und die Guerillas selbst beschleunigen diesen Prozeß noch. Was Régis Debray über die Tupamaros sagt, gilt mutatis mutandis allgemein für Guerillas und Terroristen in demokratischen Gesellschaftsstrukturen. Das Grab, das sie für das „System" schaufeln, ist ihr eigenes. Die Beseitigung dieser Hemmnisse ist das Schicksal der Guerillas. Es stellt sich die Frage, ob Regierungen entweder zu schwach (Dritte Welt) oder zu freizügig (USA und Europa) sind, daß sie in Notzeiten keine effektive Antiguerilla-Antiterrormaßnahmen ergreifen können. Hier werden die Chancen für die Guerillas immer geringer. Ein Guerillakrieg ist dann möglich, wenn die Guerillas die Unterstützung einer Großmacht (China) erhalten wie z. B. in Burma, Malaysia, Thailand, oder wenn den verschiedenen separatistischen Bewegungen und Stadtguerillas öffentliche oder geheime Hilfe zuteil wird. Sogar zwischen souveränen Staaten wird die Guerillataktik angewandt, indem man den Gegner aus einem sicheren Asyl jenseits der Grenzen angreift. Solche „Ersatzkriege" sind immer gefährlich, weil sie leicht zu allgemeinen Kriegen eskalieren können. Nur bei relativ geringem Risiko werden sie geführt.

Demokratien scheinen für terroristische Anschläge sehr anfällig zu sein. Verfassungsrechtliche Probleme machen es den Regierungen schwer, dem Terrorismus Einhalt zu gebieten. Sie geben sich häufig der Lächerlichkeit oder der Verachtung preis. Die Anwendung stringenter Maßnahmen hat zur Folge, daß man ihnen Unterdrückung und Verletzung der Menschenrechte vorwirft. Vor Gericht versuchen die Terroristen eine legale und faire Verhandlung unmöglich zu machen. Nach ihrer Verurteilung können sie und ihre Sympathisanten beanspruchen, als Märtyrer einer Terrorjustiz zu gelten. Bis zu diesem Punkt sind die Massenmedien, die Gewaltaktionen weltweite Publizität geben, natürlich Verbündete der Terroristen. Da jedoch terroristische Aktionen zunehmen, die verunsicherte Öffentlichkeit Gegenaktionen verlangt, besteht auch seitens der Regierungen ein wachsendes Verlangen nach härteren Maßnahmen, selbst wenn gelegentlich die Menschenrechte eingeschränkt werden müssen. Die Massenmedien richten ihr Interesse nicht länger auf den Mut und die Selbstlosigkeit der Terroristen. Sie untersuchen vielmehr die psycho-pathologischen Gründe von Terrorismus und Kriminalität, die bei den Aktionen der „Stadtguerillas" mehr oder weniger deutlich hervortreten. Wenn die moralische Haltung eines Regimes und der politische Wille eines Volkes intakt sind, kommt der Einfluß der Stadtguerillas über das Stadium der Provokation nicht hinaus, die, genau nach Plan, die öffentliche Meinung für ihre Sache begeistern soll, sie in Wirklichkeit aber gegen sich mobilisiert.

Die Erfolgsaussichten der Stadguerillas sind in den Staaten der Dritten Welt günstig, aber, wie bereits erwähnt, nur bei gewissen politischen Konstellationen. Die Sicherheitsorgane in diesen Ländern sind unerfahrener und wirkungsloser als in kommunistisch regierten Ländern; doch normalerweise können sie die Herausforderungen parieren, wenn die Rebellen nicht die Unterstützung aus dem Ausland erhalten. Abgesehen von brutaler Unterdrückung einer Guerillabewegung ist es fast unmöglich, die ausländische öffentliche Meinung gegen ein Öl produzierendes Land, ein friedliebendes Nachbarland oder andere Staaten der Dritten Welt zu mobilisieren. Die Weltöffentlichkeit kann nur gegen ein relativ schwaches Land, das mächtige Feinde als Anrainer und nur wenige Freunde hat, mobilisiert werden.

Sogar im Stadium des Autoritätsschwundes einer Regierung oder des politischen Vakuums sind die Erfolgsaussichten der Guerillas oder Terroristen gegenüber dem mächtigen Konkurrenten - der Armee - gering. Militärputsche werden immer häufiger; sie werden wahrscheinlich in Zukunft die Normalform des politischen Machtwechsels in großen Teilen der Welt sein.

Lateinamerikanische Kommunistenführer haben erkannt, daß der revolutionäre Prozeß vorrangig davon abhängt, ob es gelingt, „die patriotischen Kräfte" im Militär für sich zu gewinnen. [2]) Das gleiche trifft mutatis mutandis auf den Mittleren Osten, Afrika und Teile Asiens zu. Solche Militärputsche können von links oder von rechts kommen, ihre Schlagwörter sind in jedem Fall nationalistisch-völkisch.

Der Unterschied zwischen einer linken und rechten Militärdiktatur ist mit bloßem Auge kaum zu erkennen. Die links orientierten Diktaturen übernehmen große Teile der Guerillaideologie, die rechts orientierten unterdrücken sie mit Gewalt. Die Armee besetzt die Schlüsselpositionen des Staatsapparates und gründet häufig eine Staatspartei. In diesem Prozeß ist die Hilfe der politischen Aktivisten aus den bürgerlichen Schichten und aus der Untergrundbewegung willkommen. Beide Gruppen sind aber eigentlich Rivalen der Armee. Da die Offiziere keine Koalition mit den bürgerlichen Parteien einzugehen bereit sind, halten sie sie in gebührendem Abstand zu den Hebeln der Macht.

Die letzten 15 Jahre erlebten 120 Militärputsche und nur fünf Umstürze durch Guerillas. Drei von ihnen waren das Ergebnis des Militärputsches in Portugal 1974; Laos und Kambodscha fielen nach den Zusammenbruch Vietnams. Nach dem Sturz einer Militärdiktatur kommt der Machtanspruch wiederum aus den Reihen der Armee. Die nicht durch Auslandskriege geschwächte Armee in den Ländern der Dritten Welt ist ein mächtiger Faktor im Kampf um die Macht des Landes.

Die Ursachen für Aufstände sind keineswegs beseitigt - noch immer werden Menschen ausgebeutet, unterdrückt, ihrer Grundrechte beraubt und entfremdet. „Objektive, revolutionäre Situationen" gibt es in Überfluß und wird es immer geben. Aber die Aussichten auf erfolgreiche Guerillakriege haben sich mit Ausnahme der sezessionistisch-separatistischen Bewegungen verschlechtert. Der Guerillakrieg wird zwar nicht vollkommen verschwinden, aber historisch gesehen ist er in der Auseinandersetzung mit seinen traditionellen Feinden - Kolonialismus und freiheitliche Demokratie - unterlegen. Die Guerillabewegung übernimmt wieder ihre ursprüngliche Funktion - Wegbereiter und Helfer der regulären Armee. In der Vergangenheit war diese Hilfe militärischer Art - heute ist sie politischer Natur. Sie ist Steigbügelhalter für andere.

Der Machtschwund der Guerillas ist plötzlich gekommen. Das heißt nicht, daß die Ursachen, die früher ihren Aufschwung begünstigten, nicht wiederkehren könnten - ein großer Krieg, Naturkatastrophen, Autoritätsverlust des Staates. Gegenwärtig ist die Blütezeit der Guerillas jedoch vorbei. Die Flucht in die Stadtguerilla ist nicht ein neuer Anfang, sondern im Gegenteil, das Ende einer Ära.

[1]) B. M. Jenkins, High Technology Terrorism and Surrogate War: The Impact of Surrogate War on Low-Level Violence, Santa Monica 1975.
[2]) Luis Padilla, in: World Marxist Review, April 1975 and T. Timofeev, in: Communist, April 1975.

Bei **wehr**&**wissen** erscheinen die Jahrbücher
des Heeres, der Luftwaffe, der Wehrtechnik
und der Wehrmedizin.

Jedes dieser Jahrbücher nimmt seit seinem
Erscheinen eine Spitzenstellung in der
populären Literatur dieses Bereichs ein.

Die Autoren sind anerkannte kompetente
Fachleute aus den Streitkräften, aus
Industrie, Wirtschaft, Forschung, Entwick-
lung, Beschaffung und Administration.

Die Thematik der Jahrbücher spannt einen
weiten Bogen, der von der Beschreibung der
Entwicklung neuer Techniken und Techno-
logien, über Beiträge zur Problematik in den
einzelnen Waffengattungen, bis zu Artikeln
über den Soldatenalltag reicht.

Die Jahrbücher erscheinen im Bildband-
Großformat, sind modern und übersichtlich
gestaltet, ausgestattet mit zahlreichen Fotos,
Skizzen und Tabellen.

Bitte fordern Sie Prospekte an:
Wehr & Wissen Verlag,
53 Bonn-Duisdorf, Postfach 87